瀬戸内海
54 延命寺
55 南光坊
56 泰山寺
57 栄福寺
瀬戸内しまなみ海道
62 宝寿寺
63 吉祥寺
59 国分寺
64 前神寺
今治市
61 香園寺
53 円明寺
52 太山寺
58 仙遊寺
新居浜市
愛媛県
松山自動車道
51 石手寺
松山市
50 繁多寺
49 浄土寺
60 横峰寺
48 西林寺
47 八坂寺
46 浄瑠璃寺
伊予市
44 大宝寺
45 岩屋寺
JR予讃線
35 清瀧
八幡浜市
大洲市
佐田岬半島
須崎市
43 明石寺
36 青龍
42 仏木寺
34 種間
41 龍光寺
宇和海
四万十町
37 岩本寺
四万十市
土佐くろしお鉄道
(中村線)
39 延光寺
愛南町
宿毛市
土佐くろしお鉄道
(宿毛線)
四万十川
宿毛湾
40 観自在寺
土佐清水市
38 金剛福寺
足摺岬

大人の
趣味採集帳

ぬりつぶし

四国八十八ヶ所お遍路の
旅・手・帖

左古文男／児玉勲・著／一陽樂舎・編

技術評論社

四国八十八ヶ所と弘法大師

弘法大師は宝亀5（774）年に、讃岐国多度郡屏風浦（現在の香川県善通寺市）で生まれました。幼名を佐伯眞魚《さえきまお》といい、幼い頃から聡明で、15歳の頃、高級官吏になるために長岡京に上り、18歳で大学に入学しました。しかし、身分制度などの社会の矛盾に思い悩んだ末、大学を辞めて、19歳を過ぎた頃から山岳修行に入るとともに、幅広く仏教思想を学ぶようになりました。この時期、無名の修行僧から「虚空蔵求聞持法《こくうぞうぐもんじほう》」を授かったことはよく知られるところで、24歳のときに著わした『三教指帰《さんごうしいき》』の序文には、室戸岬の御厨人窟《みくろど》で修行をしているとき、口に明星（虚空蔵菩薩の化身）が飛び込んできたと記されています。このとき悟りを開いたといわれ、名前を空海に改めたと伝わっています。

そして、延暦23（804）年には、留学僧として唐に渡りました。留学期間は20年の予定でしたが、大師は2年間で終えて、大同元（806）年に帰国。密教を含めた最新の文化体系を請来し、真言密教を確立するに至りました。また、庶民教育や各種学芸の総合的教育を目的に「綜芸種智院《しゅげいしゅちいん》」を設置したり、満濃池（香川県仲多度郡まんのう町にある日本最大の灌漑用のため池）の改修など、教育普及や社会的事業にも尽力しました。

数々の功績を残した弘法大師が四国に八十八ヶ所の霊場を開いたのはいまから1200年ほど前、大師が42歳のときで、民衆の災難を除くためと伝えられています。遍路とはこの八十八ヶ所の霊場を巡ることで、大師の入定後、修行僧たちが遍歴の旅をしたのが始まりといわれています。

その後、大師信仰が高まるにつれて巡拝者の数も増し、江戸時代初期には「四国遍路」という言葉と概念が成立しました。そして、貞享4（1687）年には、真念という僧によって『四国遍路《しこくへんろ》道指南《みちしるべ》』というガイドブックが書かれています。この頃になると、修行僧や信仰目的の巡礼者だけでなく、疾病や犯罪などの理由から病気快復を願ったり、贖罪のために霊場を巡る人たちもいました。

時代が下った現在、四国霊場を巡る人は、心の傷を癒したり、これから先の自分のあり方を問いながら独り旅を通したり、あるいは仲間と連れ立ってバスやタクシーなどを利用して観光気分で回る人など、実にさまざまです。

承和2（835）年、「吾れ永く山に帰らん」といい残した弘法大師は、いまも高野山の奥の院で生きつづけ、禅定に入っているといわれています。四国八十八カ所遍路の「同行二人《どうぎょうににん》」の信仰は、その端的な表れです。

なにはともあれ、四国の青い空と海に誘われたなら、弘法大師に見守られながら、風の中を歩いてみてはどうでしょう。

四国八十八ヶ所 四国遍路旅へのいざない

自然と歴史に囲まれ、内外から注目集める四国遍路の旅

四国は、本州とは瀬戸内海を挟んで、温暖な気候のなかに美しい海岸線と緑深い山々が連なる徳島県、高知県、愛媛県、香川県からなります。旧国名で呼ぶなら、阿波、土佐、伊予、讃岐という個性豊かな4つの県です。この4県は、一周するのにちょうどいい広さと街道があり、いわゆる周遊の旅が楽しめるのが一番の魅力です。

一周する旅といえば、古くから四国では「八十八ヶ所」の札所巡りである「お遍路」が行われています。弘法大師（空海）が修行をしたゆかりの八十八ヶ寺をお参りして回る巡礼ですが、近年は開運などの祈願を携えつつ四国のパワースポット巡りの旅を楽しむ旅行者が増えています。最近は、外国人の遍路の姿を頻繁に目にします。単なる観光旅行ではなく、札所巡りという目標を付け加えることができる四国の遍路旅は、国際的にも注目の的になっています。

ご当地グルメや絶景、魅力いっぱいの四国

四国の魅力は、瀬戸内海に架かる大鳴門橋やしまなみ海道、瀬戸大橋などの雄大な景色や、鳴門のうずしお、太平洋に面した室戸岬や足摺岬の荒々しい絶景、日本最後の清流といわれる四万十川の流れ、西日本最高峰の石鎚山、大小の島々が浮かぶ瀬戸の海に沈む夕日等々、各地で風光明媚な絶景に出会えることです。

豊かな自然とふれあうことの他に、海沿いの遍路道を歩けば、どこの町でも海・山の新鮮な食材を用いたヘルシーで美味しいグルメにも事欠きません。とくに香川県では今や全国的なブームの讃岐うどん、そして徳島では阿波尾鶏の串焼き、高知の皿鉢（さわち）料理、かつおのタタキ、鯨（くじら）の竜田揚げ、愛媛では鯛めしやポンジュースなどの大定番のグルメはもちろん、濃厚な出汁で人気の徳島ラーメン、今治焼き鶏や香川の骨付鶏、高知・須崎市の鍋焼きラーメンなど、各地で町おこしを担うご当地グルメも数多くあります。

さらに400年の歴史をもつ「阿波踊り」の聖地（徳島）、坂本龍馬の故郷（高知）、正岡子規や夏目漱石の小説「坊っちゃん」ゆかりの日本最古の温泉・道後温泉（愛媛）、弘法大師生誕の地善通寺、全国の金刀比羅神社の総本宮の金刀比羅宮（香川）など、奥深い歴史と文化に触れられることも大きな魅力です。

本書では、遍路道と呼ばれる、古くから伝わる札所を結ぶ巡拝路を徒歩で歩くコースを地図上に示しながら、各地で観光や立ち寄り所を紹介しています。地図には、自分自身で歩いたり立ち寄ったりした場所に自由に感想やメモを書き留められるようになっています。またメモ欄を設けていますので、思いのままに、スケッチや俳句、入場券や切符など、旅の思い出を記録することができるようになっています。

四国へのアクセス

四国内は、JRの路線がほぼ海岸線を縫うように走っていますが、高知県の南端の室戸岬、足摺岬には鉄道が通っていません。高知県南東部には、ＪＲ以外の電車として土佐くろしお鉄道のごめん・なはり線、南西部に窪川から宿毛を結ぶ四万十くろしおライン、香川県の高松市内から琴平、長尾、志度間に琴平電鉄、徳島県の南部から高知県またがって海部・甲浦間の8㎞ほどの阿佐海岸鉄道、愛媛県の松山市内から高浜、横河原、郡中線などの伊予鉄道の郊外線が運行されています。

また、高知市内・とさ電交通、松山市内・伊予鉄道の路面電車が走っています。

鉄道でのアクセス

岡山	瀬戸大橋線・予讃線・高徳線	徳島	約2時間(特急)
岡山	瀬戸大橋線・予讃線・高徳線	高松	約1時間(特急・快速)
岡山	瀬戸大橋線・予讃線	松山	約2時間45分(特急)
岡山	瀬戸大橋線・予讃線・土讃線	高松	約2時間30分(特急)

自動車道でのアクセス

四国内では、大鳴門橋(徳島)、瀬戸大橋(香川)、しまなみ海道(愛媛)につながった高速道路として、徳島自動車道、高松自動車道、松山自動車道、高知自動車道が十字にクロスして、四国4県を繋いでいます。

兵庫県・神戸	神戸淡路鳴門自動車道	鳴門(徳島県)
岡山県・倉敷	瀬戸中央自動車道	坂出(香川県)
広島県・尾道	瀬戸内しまなみ海道	今治(愛媛県)

高速バスでのアクセス

東京	徳島、高松、松山、高知	約9時間～12時間
名古屋	徳島、高松、松山、高知	9時間～10時間
京都・大阪	徳島	約2時間45分
	高松	約3時間30分
	松山	約5時間30分
	高知	約5時間

飛行機でのアクセス

東京(羽田)	(ANA、JAL)	徳島空港	1時間15分
	(ANA、JAL)	高松空港	1時間20分
	(ANA、JAL)	高知空港	1時間20分
	(ANA、JAL)	松山空港	1時間30分
名古屋(中部)	(ANA)	松山空港	1時間20分
(小牧)	(ANA)	松山空港	1時間
福岡	(JAL、JAC)	松山空港	45分
	(JAL)	高知空港	50分
伊丹(大阪)	(ANA、JAL)	松山空港	50分
	(ANA)	高知空港	50分
関西空港	(ANA、Peach)	松山空港	50分

仙台	(ANA)	高松空港	1時間40分
新千歳(北海道)	(ANA、JAL)	徳島空港	各4時間 東京羽田で乗り継ぎ
	(ANA、JAL)	高松空港	
	(ANA、JAL)	高知空港	
	(ANA、JAL)	松山空港	
熊本	(ANA)	松山空港	50分
鹿児島	(ANA)	松山空港	55分
鹿児島	(JAC)	松山空港	1時間
那覇	(ANA)	松山空港	1時間40分
	(ANA)	高知空港	1時間40分

※ANA＝全日空　JAL＝日本航空　JAC＝日本エアコミューター
Peach＝ピーチ・アビエーション

もくじ

四国八十八ヶ所と弘法大師 ………2
四国八十八ヶ所
四国遍路旅へのいざない …………4
本書の読み方・使い方 ………………8
四国八十八ヶ所「歩き遍路」
50日間で巡るモデルコース…… 10

巡礼用品ガイド……………………………………14
四国八十八ヶ所の巡礼旅の方法 ………………16
四国遍路の基礎知識 ……………………………20

◆ ◆ ◆ ◆ ◆ ◆ ◆ ◆ ◆ ◆ ◆ ◆ ◆ ◆

四国遍路 参拝の作法 ………………………… 142
読経の順序〈正しい納経・お経の上げ方〉…143

発心の道場
【阿波の国・徳島県】

第１番 **霊山寺** りょうぜんじ（鳴門市）……………22
第２番 **極楽寺** ごくらくじ（鳴門市）
第３番 **金泉寺** こんせんじ（板野郡板野町）………23
第４番 **大日寺** だいにちじ（板野郡板野町）
第５番 **地蔵寺** じぞうじ（板野郡板野町）
第６番 **安楽寺** あんらくじ（板野郡上板町）
巡拝ルート地図…24／見どころ・立ち寄りどころ…26
ノート……28

第７番 **十楽寺** じゅうらくじ（阿波市）……………30
第８番 **熊谷寺** くまだにじ（阿波市）
第９番 **法輪寺** ほうりんじ（阿波市）
第10番 **切幡寺** きりはたじ（阿波市）
第11番 **藤井寺** ふじいでら（吉野川市）……………31
第12番 **焼山寺** しょうざんじ（名西郡神山町）
巡拝ルート地図…32／見どころ・立ち寄りどころ…34
ノート……36

第13番 **大日寺** だいにちじ（徳島市）………………38
第14番 **常楽寺** じょうらくじ（徳島市）
第15番 **國分寺** こくぶんじ（徳島市）
第16番 **観音寺** かんおんじ（徳島市）………………39
第17番 **井戸寺** いどじ（徳島市）
第18番 **恩山寺** おんざんじ（小松島市）
巡拝ルート地図…40／見どころ・立ち寄りどころ…42
ノート……44

第19番 **立江寺** たつえじ（小松島市）………………46
第20番 **鶴林寺** かくりんじ（勝浦郡勝浦町）
第21番 **太龍寺** たいりゅうじ（阿南市）……………47
第22番 **平等寺** びょうどうじ（阿南市）
第23番 **薬王寺** やくおうじ（海部郡美波町）
巡拝ルート地図…48／見どころ・立ち寄りどころ…50
ノート……52

修行の道場
【土佐の国・高知県】

第24番 **最御崎寺** ほつみさきじ（室戸市） ……… 54
第25番 **津照寺** しんしょうじ（室戸市）
第26番 **金剛頂寺** こんごうちょうじ（室戸市）… 55
第27番 **神峯寺** こうのみねじ（安芸郡安田町）
第28番 **大日寺** だいにちじ（香南市）
第29番 **国分寺** こくぶんじ（南国市）
巡拝ルート地図…56／見どころ・立ち寄りどころ…58
ノート……60

第30番 **善楽寺** ぜんらくじ（高知市） ………………… 62
第31番 **竹林寺** ちくりんじ（高知市）
第32番 **禅師峰寺** ぜんじぶじ（南国市）
第33番 **雪蹊寺** せっけいじ（高知市） ………………… 63
第34番 **種間寺** たねまじ（高知市）
第35番 **清瀧寺** きよたきじ（土佐市）
巡拝ルート地図…64／見どころ・立ち寄りどころ…66
ノート……68

第36番 **青龍寺** しょうりゅうじ（土佐市）………… 70
第37番 **岩本寺** いわもとじ（高岡郡四万十町）
第38番 **金剛福寺** こんごうふくじ（土佐清水市）
第39番 **延光寺** えんこうじ（宿毛市）
巡拝ルート地図…72／見どころ・立ち寄りどころ…74
ノート……76

コラム

① 衛門三郎の霊跡「杖杉庵」……………………………35
② 四国別格二十霊場 ……………………………………43
③「逆打ち」は「順打ち」の３回分のご利益 …………51
④「空海」の法名を得たとされる御厨人窟……………58
⑤ 病気平癒に霊験あらたかと伝えられる霊水
「神峯の水」…………………………………………………59
⑥ 高知最大の難所ともいわれる場所に建てられた
「真念庵」……………………………………………………71

涅槃の道場
【讃岐の国・香川県】

第66番 **雲辺寺** うんぺんじ(徳島県三好市) ……110
第67番 **大興寺** だいこうじ(三豊市)
第68番 **神恵院** じんねいん(観音寺市) ……………111
第69番 **観音寺** かんのんじ(観音寺市)
第70番 **本山寺** もとやまじ(三豊市)
第71番 **弥谷寺** いやだにじ(三豊市)
巡拝ルート地図…112/見どころ・立ち寄りどころ…114
ノート……116

第72番 **曼荼羅寺** まんだらじ(善通寺市) ………118
第73番 **出釈迦寺** しゅっしゃかじ(善通寺市)
第74番 **甲山寺** こうやまじ(善通寺市)
第75番 **善通寺** ぜんつうじ(善通寺市) …………119
第76番 **金倉寺** こんぞうじ(善通寺市)
巡拝ルート地図…120/見どころ・立ち寄りどころ…122
ノート……124

第77番 **道隆寺** どうりゅうじ(仲多度郡多度津町)……126
第78番 **郷照寺** ごうしょうじ(綾歌郡宇多津町)
第79番 **天皇寺** てんのうじ(坂出市)
第80番 **国分寺** こくぶんじ(高松市)
第81番 **白峯寺** しろみねじ(坂出市) ……………127
第82番 **根香寺** ねごろじ(高松市)
巡拝ルート地図…128/見どころ・立ち寄りどころ…130
ノート……132

第83番 **一宮寺** いちのみやじ(高松市) …………134
第84番 **屋島寺** やしまじ(高松市)
第85番 **八栗寺** やくりじ(高松市)
第86番 **志度寺** しどじ(さぬき市)
第87番 **長尾寺** ながおじ(さぬき市) ……………135
第88番 **大窪寺** おおくぼじ(さぬき市)
巡拝ルート地図…136/見どころ・立ち寄りどころ…138
ノート……140

コラム
⑩ 石のように堅い門前名物かたパン ……………… 118
⑪ 讃岐最大のパワースポット金刀比羅宮 ………… 127
⑫「うどん県」香川の讃岐うどんを巡る ………… 131
⑬ 結願とお礼参り ……………………………………… 135

本書の地図はぬりつぶしを目的として制作しています。情報は正確を期して提供しておりますが、実際にお遍路道を歩く際には、詳しい地図や道案内をご利用ください。

菩提の道場
【伊予の国・愛媛県】

第40番 **観自在寺** かんじざいじ(南宇和郡愛南町) … 78
第41番 **龍光寺** りゅうこうじ(宇和島市)
第42番 **仏木寺** ぶつもくじ(宇和島市) ……………………79
第43番 **明石寺** めいせきじ(西予市)
第44番 **大宝寺** だいほうじ(上浮穴郡久万高原町)
第45番 **岩屋寺** いわやじ(上浮穴郡久万高原町)
巡拝ルート地図…80/見どころ・立ち寄りどころ…82
ノート……84

第46番 **浄瑠璃寺** じょうるりじ(松山市)…………… 86
第47番 **八坂寺** やさかじ(松山市)
第48番 **西林寺** さいりんじ(松山市)
第49番 **浄土寺** じょうどじ(松山市)
第50番 **繁多寺** はんたじ(松山市) ……………………… 87
第51番 **石手寺** いしてじ(松山市)
巡拝ルート地図…88/見どころ・立ち寄りどころ…90
ノート……92

第52番 **太山寺** たいさんじ(松山市)…………………… 94
第53番 **円明寺** えんみょうじ(松山市)
第54番 **延命寺** えんめいじ(今治市)
第55番 **南光坊** なんこうぼう(今治市)
第56番 **泰山寺** たいさんじ(今治市)…………………… 95
第57番 **栄福寺** えいふくじ(今治市)
第58番 **仙遊寺** せんゆうじ(今治市)
第59番 **国分寺** こくぶんじ(今治市)
巡拝ルート地図…96/見どころ・立ち寄りどころ…98
ノート……100

第60番 **横峰寺** よこみねじ(西条市) ……………… 102
第61番 **香園寺** こうおんじ(西条市)
第62番 **宝寿寺** ほうじゅじ(西条市)
第63番 **吉祥寺** きちじょうじ(西条市)
第64番 **前神寺** まえがみじ(西条市) ……………… 103
第65番 **三角寺** さんかくじ(四国中央市)
巡拝ルート地図…104/見どころ・立ち寄りどころ…106
ノート……108

コラム
⑦ 遍路の元祖・衛門三郎の邸宅跡の文殊院 ……………… 87
⑧ 石鎚山—西日本最高峰の信仰の山 ……………………103
⑨ お遍路さんの休憩所 ………………………………………107

『ぬりつぶし「四国八十八ヶ所お遍路」の旅手帖』の読み方・使い方

本書は、お遍路の道のりで出会った景色や人、もの、グルメなどの思い出を文章や絵で書（描）き込んだり、また写真や紙資料などを貼ってひとつとして同じものはない自分だけの旅の手帖を完成させるものです。

見開きのページごとに**❶札所の基本情報ページ　❷遍路道を示した白地図ページ　❸遍路道沿いにある見どころ・立ち寄りどころの情報ページ　❹旅のいろいろを記録するノートページ**を用意しました。

ほとんどのお遍路さんは納経帳を携えていますが、旅の思い出を綴るノートやスケッチブックを持って歩いている人は意外と少ないものです。本書は、「手描きお遍路」を楽しんでもらうとともに、旅の思い出を残してもらうお手伝いをする手帖です。

かんたんな記録スペースとして

旅の途上で気づいたことや、ちょっとした感想などを書き込んでおけば、あとから日記を書くときの資料になります。

歩いた道をぬりつぶそう

色鉛筆などで歩いたり自転車で走った道と拝観した札所をぬりつぶしましょう。立ち寄った施設や休憩した食事処などを書き込めば、自分だけの記録地図が出来上がります。

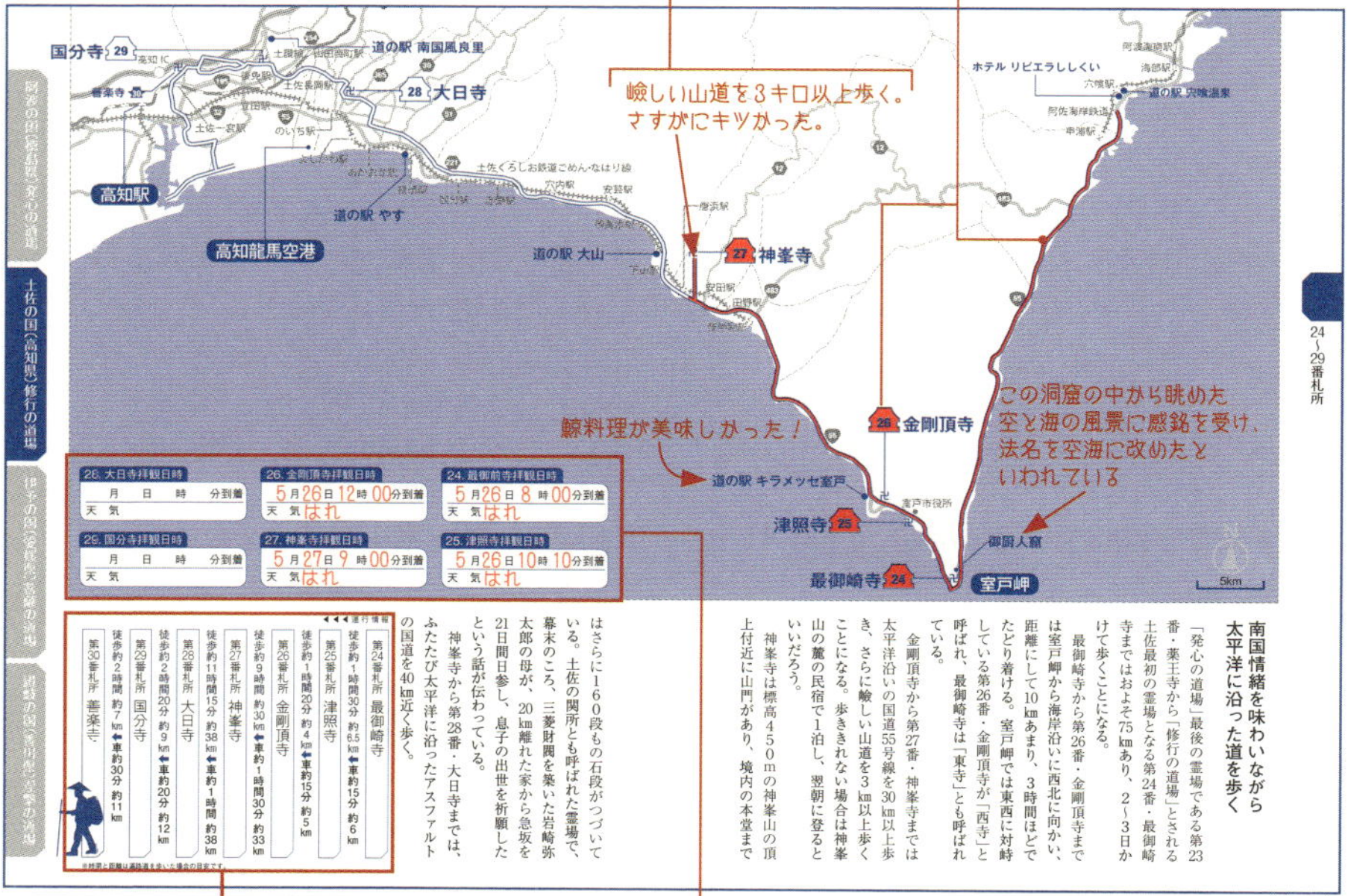

前の札所からの距離と所要時間

次の札所までの歩行距離と所要時間および、車を利用した場合の距離と所要時間。距離の表示単位は0.1km。所要時間は目安。

到着日時記入欄

札所に到着した日時と天気を記入しましょう。

コラム

四国八十八ヶ所に関係がある故事や人物、豆知識などを紹介。

札所情報

各札所のゆかりや、宗派・本尊・開基した人物・住所・電話番号および宿坊の有無を紹介しています。

見どころ・立ち寄りどころ

歩き遍路で困るのはトイレ。ここではトイレ休憩と食事ができる道の駅の情報を紹介しています。また、疲れを癒してくれる入浴施設の情報もあわせて掲載しています。料金をはじめ、記載の情報は2016年9月現在のものです。

旅の資料を残しておこう

立ち寄った施設の入場券や札所で授与された御影などを貼って、旅の思い出を残すのもいいでしょう。

景色や心象を自由に描こう

道中で出会った風景や目に留まったモノ、印象に残った料理などをスケッチしたり、心象風景を絵にして残しましょう。

俳句・短歌欄

道中で詠んだ俳句や短歌をしたためましょう。他人が詠んだ好きな歌や古歌などを書き記してもいいでしょう。

自由に気楽に書き込もう

スケッチ欄に描いた絵を補足する短文を記したり、旅の途上で感じたことを自由にメモしましょう。

地図凡例

卍 1 札所	11 国道	JR線と駅
遍路路	14 県道	私鉄と駅
● 見どころ・立ち寄りどころ	高速・有料道路とIC	

四国八十八ヶ所「歩き遍路」50日間で巡るモデルコース

四国の八十八ヶ所の札所を巡る巡拝コースの基本は、１番札所から88番札所まで順番に回ります。下記の表は、1日20㎞～30㎞を目安に歩いたとして、どのあたりに宿泊するのか、札所間の距離などを示したモデルコースとして作成しました。歩き遍路のプラン作りの参考にしてください。

※札所の横の数字は、次の札所、宿泊場所までの距離です。

巡礼日程イメージ

丸数字は日数です。

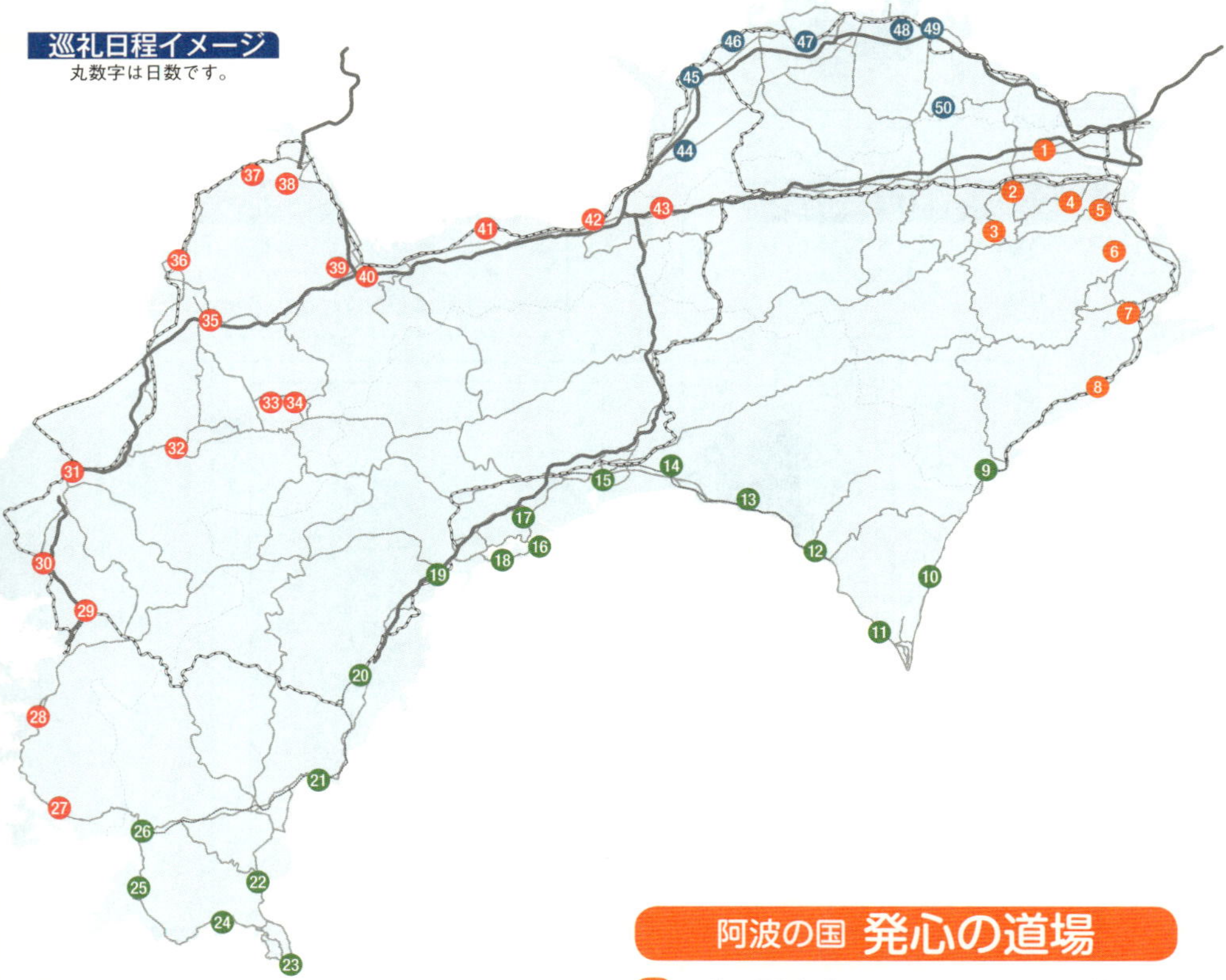

阿波の国 発心の道場

1日目

1番	霊山寺	約1.2㎞
2番	極楽寺	約2.7㎞
3番	金泉寺	約5.3㎞
4番	大日寺	約2㎞
5番	地蔵寺	約5.3㎞
6番	安楽寺	

宿泊 安楽寺近くの宿

移動距離 *16.5km*

2日目

出発	安楽寺～	約1.2㎞
7番	十楽寺	約4㎞
8番	熊谷寺	約2.5㎞
9番	法輪寺	約4㎞
10番	切幡寺	約10㎞
11番	藤井寺	

宿泊 藤井寺近くの宿

移動距離 *21.7km*

12～13日目

2日を要する

12日目
- 出発 室戸市元の宿～ 約1.2km
- 26番 **金剛頂寺** 約26km
- 宿泊 唐浜駅近くの宿

13日目
- 出発 唐浜駅近くの宿～ 約4km
- 27番 **神峯寺** 約13km
- 宿泊 安芸駅近くの宿

移動距離 **44.2km**

14日目
- 出発 安芸駅近くの宿～ 約24.2km
- 28番 **大日寺**
- 宿泊 大日寺近くの宿(香南市)

移動距離 **24.2km**

15日目
- 出発 大日寺近くの宿～ 約9km
- 29番 **国分寺** 約7km
- 30番 **善楽寺** 約5km
- 宿泊 高知駅近くの宿

移動距離 **21.0km**

16日目
- 出発 高知駅近くの宿～ 約5.5km
- 31番 **竹林寺** 約6km
- 32番 **禅師峰寺** 約7km
- 宿泊 桂浜近くの宿

移動距離 **18.5km**

17日目
- 出発 桂浜近くの宿～ 約4km
- 33番 **雪蹊寺** 約6.5km
- 34番 **種間寺** 約9.8km
- 35番 **清瀧寺** 約3.3km
- 宿泊 土佐市役所近くの宿

移動距離 **23.6km**

18～20日目

2日～3日を要する

18日目
- 出発 土佐市役所近くの宿～ 約10.6km
- 36番 **青龍寺** 約8km
- 宿泊 須崎市・浦ノ内の宿

19日目
- 出発 須崎市・浦ノ内の宿～ 約23km
- 宿泊 須崎市・安和駅周辺の宿

20日目
- 出発 安和駅周辺の宿～ 約27km
- 37番 **岩本寺**
- 宿泊 岩本寺周辺の宿

移動距離 **68.6km**

3日目
- 出発 藤井寺～ 約13km
- 12番 **焼山寺**
- 宿泊 焼山寺近くの宿

移動距離 **13.0km**

4日目
- 出発 焼山寺下山 約27km
- 宿泊 大日寺近くの宿

移動距離 **27.0km**

5日目
- 出発 大日寺近くの宿
- 13番 **大日寺** 約3km
- 14番 **常楽寺** 約0.8km
- 15番 **國分寺** 約2km
- 16番 **観音寺** 約3km
- 17番 **井戸寺** 約8.5km
- 宿泊 牟岐線・二軒屋駅前の宿

移動距離 **17.3km**

6日目
- 出発 牟岐線・二軒屋駅前の宿 約10.5km
- 18番 **恩山寺** 約4km
- 19番 **立江寺** 約10.5km
- 宿泊 勝浦町役場近くの宿

移動距離 **25.0km**

7日目
- 出発 勝浦町役場近くの宿 約3.5km
- 20番 **鶴林寺** 約7km
- 21番 **太龍寺** 約12km
- 22番 **平等寺**
- 宿泊 平等寺近くの宿

移動距離 **22.5km**

8日目
- 出発 平等寺～ 約21km
- 23番 **薬王寺**
- 宿泊 薬王寺近くの宿

移動距離 **21.0km**

土佐の国 修行の道場

9～11日目

2～3日を要する

9日目
- 出発 薬王寺近くの宿～ 約34km
- 宿泊 阿佐海岸鉄道・宍喰駅近くの宿

10日目
- 出発 宍喰駅近くの宿～ 約27.5km
- 宿泊 佐喜浜港周辺の宿

11日目
- 出発 佐喜浜港周辺の宿 約14.6km
- 24番 **最御崎寺** 約6.5km
- 25番 **津照寺** 約3km
- 宿泊 金剛頂寺手前の室戸市元の宿

移動距離 **85.6km**

30日目

出発	予土線務田駅周辺の宿～	約1.6km
41番	**龍光寺**	約4km
42番	**仏木寺**	約11km
43番	**明石寺**	約2km
宿泊	西予市役所周辺の宿	

移動距離 18.6km

31～33日目

2～3日を要する

31日目	出発	西予市役所周辺の宿～	約20km
	宿泊	伊予大洲駅周辺の宿	
32日目	出発	伊予大洲駅周辺の宿～	約30km
	宿泊	内子町小田周辺の宿	
33日目	出発	内子町小田周辺の宿～	約20km
	44番	**大宝寺**	約1.6km
	宿泊	久万高原町役場周辺の宿	

移動距離 71.6km

34日目

出発	久万高原町役場周辺の宿～	約11km
45番	**岩屋寺**	約11km
宿泊	久万高原町役場周辺の宿	

移動距離 22.0km

35日目

出発	久万高原町役場周辺の宿～	約16km
46番	**浄瑠璃寺**	約1km
47番	**八坂寺**	約4.5km
48番	**西林寺**	
宿泊	西林寺周辺の宿	

移動距離 21.5km

36日目

出発	西林寺周辺の宿～	約3.5km
49番	**浄土寺**	約2km
50番	**繁多寺**	約3km
51番	**石手寺**	約11km
52番	**太山寺**	約2.5km
53番	**円明寺**	
宿泊	円明寺周辺の宿	

移動距離 22.0km

37日目

出発	円明寺周辺の宿～	約30km
宿泊	予讃線・大西駅周辺の宿	

移動距離 30.0km

21～23日目

3日を要する

21日目	出発	岩本寺周辺の宿～	約30km
	宿泊	有井川駅周辺(黒潮町)の宿	
22日目	出発	有井川駅周辺の宿～	約30km
	宿泊	下ノ加江港(土佐清水市)の宿	
23日目	出発	下ノ加江港の宿～	約27km
	38番	**金剛福寺**	
	宿泊	金剛福寺近くの宿	

移動距離 87.0km

24～26日目

2～3日を要する

24日目	出発	金剛福寺近くの宿～	約24km
	宿泊	土佐清水市・三崎港周辺の宿	
25日目	出発	三崎港周辺の宿	約29km
	宿泊	大月町役場周辺の宿	
26日目	出発	大月町役場周辺の宿～	約20km
	39番	**延光寺**	約7km
	宿泊	宿毛駅周辺の宿	

移動距離 80.0km

伊予の国 菩提の道場

27日目

出発	宿毛駅周辺の宿～	約23km
40番	**観自在寺**	
宿泊	観自在寺(愛南町)周辺の宿	

移動距離 23.0km

28～29日目

2～3日を要する

28日目	出発	観自在寺周辺の宿～	約25km
	宿泊	宇和島市津島町周辺の宿	
29日目	出発	津島町周辺の宿～	約23.4km
	宿泊	予土線・務田駅周辺の宿	

移動距離 48.4km

45日目

出発	観音寺駅周辺の宿～	約2km
68番	**神恵院**	約5km
69番	**観音寺**	0km
70番	**本山寺**	約12km
71番	**弥谷寺**	約1km
宿泊	弥谷寺(ふもと)周辺の宿	

移動距離 **20.0km**

46日目

出発	弥谷寺(ふもと)周辺の宿～	約5km
72番	**曼荼羅寺**	約0.5km
73番	**出釋迦寺**	約3km
74番	**甲山寺**	約1.5km
75番	**善通寺**	約4km
76番	**金倉寺**	約4km
77番	**道隆寺**	約3.5km
宿泊	丸亀駅周辺の宿	

移動距離 **21.5km**

47日目

出発	丸亀駅周辺の宿～	約4km
78番	**郷照寺**	約7.5km
79番	**天皇寺**	約7km
80番	**国分寺**	約9km
81番	**白峯寺**	
宿泊	白峯寺近くの宿	

移動距離 **27.5km**

48日目

出発	白峯寺近くの宿～	約7.5km
82番	**根香寺**	約13km
83番	**一宮寺**	約10.5km
宿泊	琴電屋島駅近くの宿	

移動距離 **31.0km**

49日目

出発	琴電屋島駅近くの宿～	約3km
84番	**屋島寺**	約7km
85番	**八栗寺**	約7km
86番	**志度寺**	
宿泊	志度駅周辺の宿	

移動距離 **17.0km**

50日目

出発	志度駅周辺の宿	約 7km
87番	**長尾寺**	約15.5km
88番	**大窪寺**	

移動距離 **22.5km**

38日目

出発	予讃線大西駅周辺の宿～	約5km
54番	**延命寺**	約3.5km
55番	**南光坊**	約3km
56番	**泰山寺**	約3km
57番	**栄福寺**	約3km
58番	**仙遊寺**	
宿泊	仙遊寺周辺の宿	

移動距離 **17.5km**

39日目

出発	仙遊寺周辺の宿～	約7km
59番	**国分寺**	約22km
宿泊	松山自動車道いよ小松IC近くの宿	

移動距離 **29.0km**

40日目

出発	いよ小松IC近くの宿～	約10km
60番	**横峰寺**	約11.5km
宿泊	伊予小松駅周辺の宿	

移動距離 **21.5km**

41～42日目

2日を要する

41日目	出発	伊予小松駅周辺の宿～	約1km
	61番	**香園寺**	約1.5km
	62番	**宝寿寺**	約1.5km
	63番	**吉祥寺**	約3.5km
	64番	**前神寺**	約17km
	宿泊	新居浜市内の宿	
42日目	出発	新居浜市内の宿～	約25km
	宿泊	伊予三島駅周辺の宿	

移動距離 **49.5km**

43日目

出発	伊予三島駅周辺の宿	約6km
65番	**三角寺**	約14km
宿泊	徳島自動車道池田 PA 周辺の宿	

移動距離 **20.0km**

讃岐の国 涅槃の道場

44日目

出発	池田PA周辺の宿～	約5km
66番	**雲辺寺**	約10km
67番	**大興寺**	約8km
宿泊	予讃線・観音寺駅周辺の宿	

移動距離 **23.0km**

※取材、体験記などをもとに作成。1日20km～30kmの歩行を目安とした。

巡礼用品ガイド

長い道中を巡礼するために揃えておきたい伝統的な巡礼用品を紹介します。

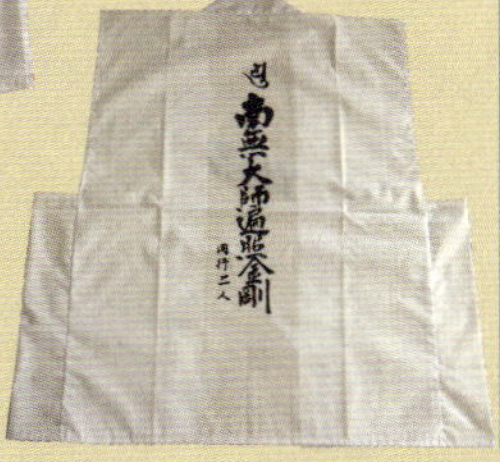

白衣

「はくい」「はくえ」あるいは「びゃくえ」と読む道中衣。袖つきと、笈摺(おいずる)と呼ばれる袖なしがあり、季節に合わせて選べる。

菅笠《すげがさ》

強い日差しから守ってくれる日除けとして、また雨風をしのぐ雨具として大いに役立つ。

取材協力：門前一番街

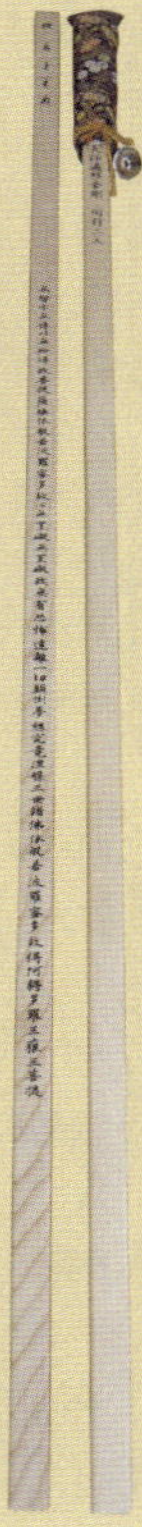

輪袈裟《わげさ》

首から掛ける略式の袈裟。食事中やトイレに行く場合にははずさなければいけない。

山谷袋《さんやぶくろ》

納経帳やローソク、線香、納札、御影、念珠など、巡拝に必要な品を収納し、片腕を通して肩から斜めにかける小物入れ。頭陀袋ともいい、防水タイプもある。

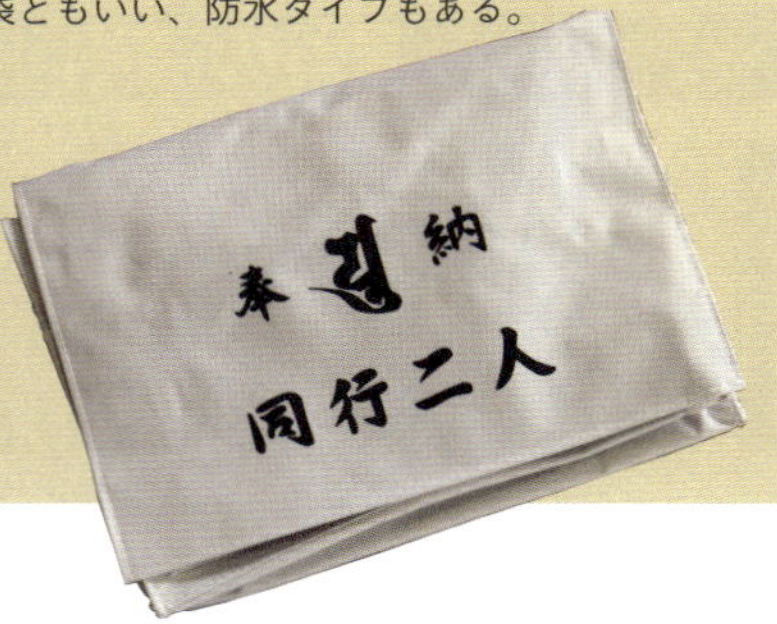

金剛杖《こんごうづえ》

弘法大師の分身。これを手にすることにより、大師のご加護のもと、無事に巡拝できると伝えられている。宿では、杖の先を洗い、拭いてから所定の場所に置いて合掌する。また、橋の上では杖をついてはいけないという慣わしがある。

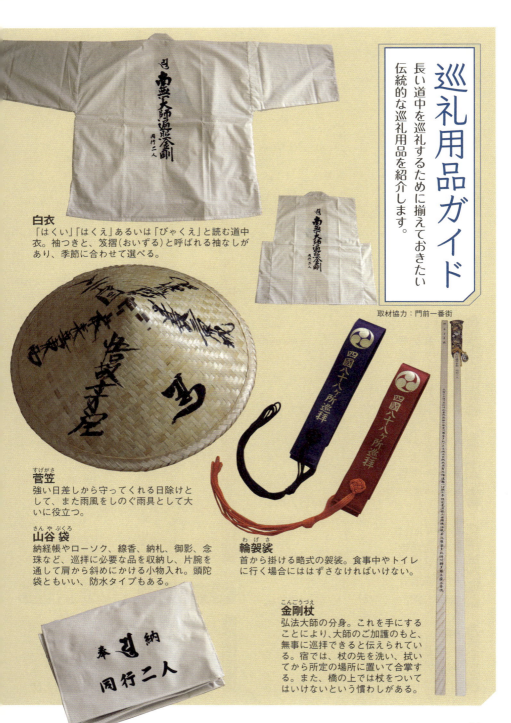

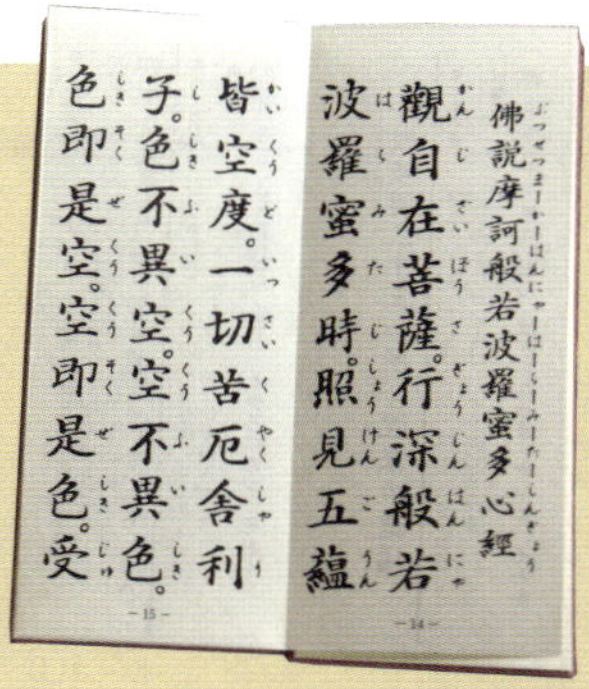

勤行本《ごんぎょうぼん》

般若心経や十三仏真言など、四国八十八ヶ所を巡拝するのに必要な経典が書かれた経本。

念珠《ねんじゅ》

数珠の別称で、珠を一つ繰るごとに仏を念ずることから念珠と呼ばれるようになったと伝えられている。巡拝の際、手を合わすときにかけて軽く3度擦り、読経を行う。

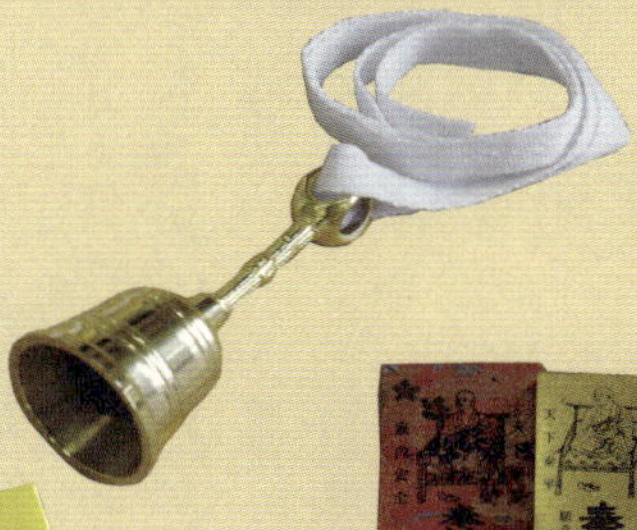

持鈴《じれい》

災難にあったとき鈴の音で知らせたり、山中で獣から身を守るために鳴らしながら歩くなど、道中の安全を約束する魔除け。また、読経の際には句読点の意味を持たせて、持鈴を振りながら行う。

巡拝用ローソクと線香

マッチかライターも用意して、3点セットですぐに取り出せるように専用ケースに入れて携行したい。

納札《おさめふだ》

巡拝年月日、住所、氏名を記し、本堂と大師堂の各納札箱に一枚ずつ奉納する。また、お接待を受けたときも、お礼に1枚を渡す。巡拝の回数によって色が異なり、4回までは白札、6回までは緑札、24回までは赤札、49回までは銀札、99回までは金札になる。さらに、100回を超えると錦札を別注する。

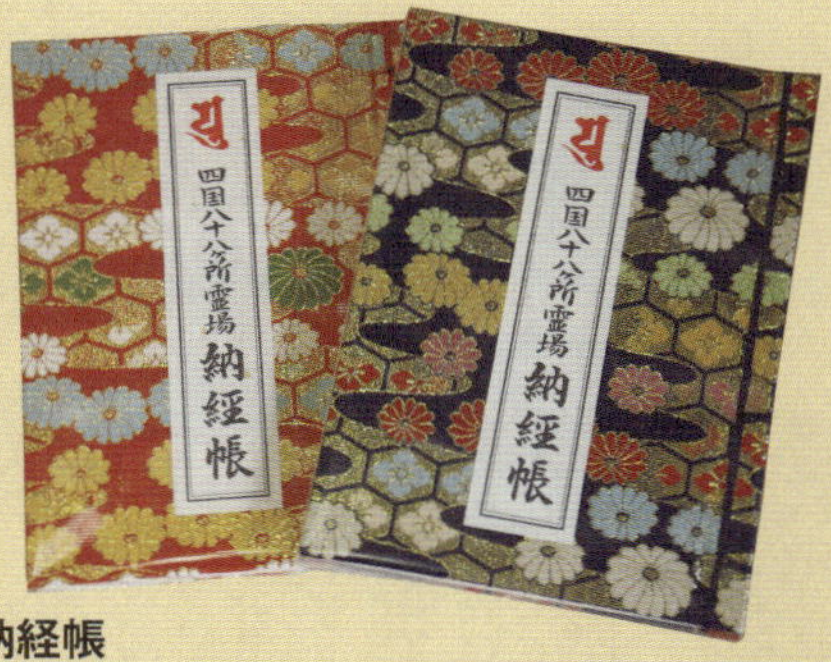

納経帳

各札所で参拝の証として納経所で本尊、寺号の墨書きと御朱印をもらうための綴本。納経帳は1回だけでなく、重ね印といって、同じ札所を2回、3回と参拝したら、同じ納経帳に2回、3回と重ねていく。

四国霊場を巡礼するスタイルに決まりはなく、近年は動きやすいアウトドアギアを身につけたり、正式なスタイルを簡略化して歩く人が増えています。しかし、衣装を整えることで巡拝の心構えが引き締まるのも、また事実。

第1番・霊山寺から順打ちするのであれば、ここに紹介した巡礼用品は、当寺院の売店と門前にある「門前一番街」で揃えることができます。

四国八十八ヶ所の巡礼旅の方法

歩き遍路か、車で回るか、無理のないプランを立てる

　四国八十八ヶ所の巡礼の巡り方は、かつてはすべての行程を歩くことがあたりまえでしたが、近年は、電車やバスなどの公共交通機関を使ったり、マイカーやレンタカーを利用して回る人が多くなっています。古い時代には修行としての巡礼が主な目的でしたが、現在は、修行というよりも、自分自身を見つめなおす旅や、健康のためのアクティビティ、自然豊かな四国観光を目的に大勢の人が四国を訪れています。

車、公共交通機関を利用するのも可

　四国遍路は、全行程を距離に直すと、およそ1400kmもの長い旅です。徒歩で回る場合、その所要日数は約45日～50日、経費は宿泊費を中心に約40万円が最低の目安といわれています。体力とお金と時間がある人であれば、「歩き遍路」に挑戦するのがいちばんですが、現役世代では、なかなかそれだけの日数・時間はとれないでしょう。またシニア世代になれば、時間はあっても体力的な心配も出てきます。

　従って、これから八十八ヶ所の巡礼旅をする人は、ストイックに「歩き遍路」にこだわることなく、時と場合には電車や車などの乗り物の利用を併用してもいいでしょう。あるいはロードバイクやオートバイで回るのも、また違った四国に出会うことができることでしょう。

　近年は、八十八ヶ所をよく知る〝先達〟と呼ばれる人が案内してくれ、宿泊の手配もすべてやってくれる、貸切バスや貸切タクシーのツアーもあります。旅行会社では、予算やコースなどの詳細な説明会が開かれていますので、相談に行ってみるのもいいでしょう。

遍路のベストシーズンは春・秋

　四国八十八ヶ所巡拝のベストシーズンは、なんといっても春と秋ということになります。行楽シーズンなので、交通機関も宿も混雑しているということはありますが、暑くもなく、寒くもなく、野山に咲く花を愛でながら回るにはベストのシーズンです。車で回っても、駐車場から本堂までは長い階段を登らなければならないところも多いので、春・秋の季節の良い時期がおすすめです。

花と歩く花へんろ。

数回に分けて回る『区切り打ち』『一国参り』

四国遍路は、札所を巡る順番に決まりはない、きわめて自由度の高い巡礼です。通常、四国を1番札所（徳島県）から時計まわりに札所の番号順に巡ることを「順打ち」といいます。反時計回りに巡ることを「逆打ち」といい、逆回りは困難な分、その功徳が大きいとされています。

四国遍路を一気に巡ることを「通し打ち」といいますが、これが困難な場合には、5月や秋の連休などに少しずつ何回かに分割して回る「区切り打ち」という巡り方もあります。毎年連休などを使って四国を訪れて、四国4県を1県ずつ何年かをかけて巡る（一国参り）人も少なくありません。「区切り打ち」といって途中まで回って、続きはまた次の休暇のときなど、順番に回れなくても出張などで四国を訪ねた際に近くの札所をランダムにお参りする（乱れ打ち）ということも自由です。

巡礼旅の費用 四国八十八ヶ所巡拝にかかる日数と経費の目安

歩き遍路

交通費は最小限で済むものの、日数、歩き続ける体力・持久力が必要です。歩くスピードや休憩、参拝での納経などの時間を考慮にいれると、平野部では1日30km程度が目安となりますが、坂道や山道では余計に時間がかかることを計算に入れておかなければなりません。1日平均30kmを歩くとして、全行程を1400kmとした場合、単純に計算しても46日はかかる計算になります。費用は表1に示したように、40万円～45万円と見積もってみました。また、歩くとなると、歩き易いシューズや汗を吸収しやすいアンダーウェア、怪我や病気に備えた薬や湿布薬、野宿などに備えてテントや寝袋などのアウトドア用品をはじめ、詳細な地図や方位磁石、現在ならGPS機能のあるスマートフォンなどもあると便利です。お遍路装束以外の費用も、それなりにかかるとみておいたほうがいいでしょう。

表1.「歩き遍路」の場合の費用の見積（全行程50日として）

経費項目	内 容	単価(平均)	数	金 額
宿泊費	ビジネスホテル、善根宿、ユースホステルなど。1泊2食付	平均7,000円	49泊	343,000
昼食代	道の駅の定食やうどんなど	平均800円	50日	40,000
納経帳(御朱印)	御朱印をもらうときに支払う(300円)＋お賽銭(100円)	400円	88ヶ寺	35,200
その他	お小遣いや飲み物代など	600円	50日	30,000
			合 計	448,200

※四国への交通費（飛行機代、電車賃など）、ロープウェイ代などが別途必要

自動車遍路

路線バスや鉄道などと比較して、自由に動けるのが最大のメリットのマイカーやレンタカー利用の遍路。全行程を回っても約10日ほどで回れるので、休暇をとって「通し打ち」をするのに向いています。夫婦や友人と同行すれば、その分レンタカー代やガソリン代を割り勘にして一人当たりの交通費をぐっと軽減することも可能です。札所付近に宿がない場合でも、宿の多い都市部まで簡単に移動でき、オートキャンプ場などを使っての車中泊などをすれば、宿泊費も大幅に削減できるでしょう。費用は表2に示したように20万円～25万円と見積もってみましたが、工夫しだいでもう少し安くなるかもしれません。

最近はカーナビやスマートフォンの地図アプリなどを使うことで、土地鑑のない初めての人でも、わりに簡単に札所までは到達できます。ただし、山道や細い道も多く、市街地や危険な山道での事故など、運転には注意が必要なのはいうまでもありません。

表2. 車・レンタカーの場合の費用の見積（全行程11日として）

経費項目	内容	単価（平均）	数	金額
宿泊費	ビジネスホテル、善根宿、ユースホステルなど。1泊2食付	平均7,000円	10泊	70,000
レンタカー ガソリン代	航空券とレンタカー付きのプランなどを利用、徳島で借りて、高松で返すプランなどが便利	8,000	11日	88,000
昼食代	道の駅の定食やうどんなど	平均800円	11日	8,800
納経帳（御朱印）	御朱印をもらうときに支払う（300円）＋お賽銭（100円）	400円	88ヶ寺	35,200
その他	お小遣いや飲み物代など	600円	50日	30,000
			合　計	232,000

※四国への交通費（飛行機代、電車賃など）、ロープウェイ代などが別途必要

自転車・ロードバイク遍路

近年、自転車ブームなので、八十八ヶ所巡りを自転車でという人が増えています。とくに尾道・今治間を結ぶしまなみ海道は、自転車専用道が用意されているので、広島方面から自転車で四国へ渡って来る人が増えているようです。

自転車で通し打ちする場合は、全行程で1日70㎞走るとして約20日間、概算で20万円強（表3）ということになります。

オートバイの場合には、自動車（マイカー・レンタカー）と同様の日数で回れるとみて、費用もレンタカー代を差し引いた程度になると思われます。ガソリン代は1400㎞として、自分のオートバイの燃費効率を計算してみるといいでしょう。

ただ、自転車またはオートバイで、いちばん心配なのは天候です。自転車・バイク走行は、雨や風に弱いので、予定の日程で周り切ることができなくてもいいように、スケジュールにはある程度、余裕を持たせておかなければならないでしょう。

表3.自転車の場合の費用の見積 (全行程20日として)

経費項目	内容	単価(平均)	数	金額
宿泊費	ビジネスホテル、善根宿、ユースホステルなど。1泊2食付	平均7,000円	19泊	133,000
昼食代	道の駅の定食やうどんなど	平均800円	20日	16,000
納経帳(御朱印)	御朱印をもらうときに支払う(300円)+お賽銭(100円)	400円	88ヶ寺	35,200
その他	お小遣いや飲み物代など	600円	50日	30,000
			合計	214,200

※四国への交通費(飛行機代、電車賃など)、ロープウェイ代などが別途必

公共交通機関

四国は、JRの鉄道路線が海岸線をなぞるように走り、高松、松山、徳島、高知という各県庁所在地を繋いでいます。一部高知の室戸岬、足摺岬などの先端部には鉄道が通っていません。しかし、たいていの札所までは路線バスなどが出ているので、公共交通機関を使って巡礼旅をすることも可能です。ただし、鉄道もバスの便も都市部を除くと1時間に1本程度か2時間に1本などという地域もあるので、都会の感覚ではとても八十八ヶ所を回り切ることはできません。歩き遍路との併用か、札所間の長い区間など、鉄道やバスを利用するのがおすすめです。あるいは、〝日本で海に一番近い駅〟としてドラマのロケなどで有名になった予讃線の内灘駅のような名物ローカル線や高知市や松山市では懐かしい路面電車に乗ってみるなど、鉄道オタク旅的な愉しみ方もいいかもしれません。費用は路線にもよりますが、1日乗り放題で5枚綴りの「青春18きっぷ」を使えば、5日間で、1万1850円(夏・冬限定)で済みます。こうしたチケットを活用して、区切り打ちするのもいいでしょう。

ツアーバス、タクシーなど

旅行会社が日程や食事、宿泊など旅程のすべてを設定してくれる巡拝ツアーバスは、先達も付く場合が多いので、気楽な遍路旅ができます。一気に全札所を11泊12日で回る通し打ちツアーや、各県(阿波、土佐、伊予、讃岐)を5日ほどで巡るツアーなど、さまざまなコースが用意されています。先達が同行するツアーの場合には、詳しく説明してくれるので、一人で歩くより、遍路に関する知識が深まりお経も上達するにちがいありません。費用は、出発地によっても変わりますが、11泊12日で回る場合で約30万円、2泊3日の一国参りで、12万円程度が相場のようです。

四国遍路の基礎知識

遍路旅に出る前に知っておきたい用語集

遍路には長い歴史の中で培われてきたルールや特別な用語があります。基礎的な仏教の言葉から、参拝に必要なマナーや用語を解説します。

●遍路（へんろ）

弘法大師（空海）の足跡をたどり八十八ヶ所の霊場を巡拝すること。または、巡礼する人のことをさし、四国では「お遍路さん」と親しみを込めて呼ぶ。

●御大師さん（おだいしさん）

弘法大師のこと。空海と同じ時代に生きた天台宗の開祖・最澄も伝教《でんぎょう》大師と呼ばれているが、四国では大師といえば当然、弘法大師のことをさす。

●同行二人（どうぎょうににん）

常に弘法大師がともに歩いて見守ってくれているという考え方。「どうこう・ふたり」とは読まない。遍路という「行」を弘法大師と二人で行っているということ。

●南無大師遍照金剛（なむだいしへんじょうこんごう）

弘法大師のご宝号《ほうごう》（名前）で、仏の慈悲の光は、金剛石（ダイヤモンド）のように堅固で、あまねく世界を照らして輝きを失わないという意味。弘法大師は、師の恵果阿闍梨《けいかあじゃり》からこの「遍照金剛」を名前の一つとして贈られた。

●真言（しんごん）

サンスクリット語のマントラの訳で、「（仏の）真実の言葉」という意味。「大日経」などの密教経典に由来し、真言宗では、大日如来の「光明真言《こうみょうしんごん》」と「般若心《はんにゃしん》経《ぎょう》」がもっとも大切な真言といわれ、四国遍路では必ず唱えるものとされる。真言は、本尊ごとに違うので、般若心経を唱えたあとに、それぞれ本尊の真言を3回唱えるのが作法。

●般若心経（はんにゃしんぎょう）

サンスクリットの膨大な般若経典の神髄を簡潔にまとめたもので、真言宗だけでなく多くの仏教宗派で読経されている。

●札所（ふだしょ）

巡拝する八十八ヶ所のお寺のこと。参拝して納め札を納めるという意味。八十八ヶ所以外にも、奥の院など「四国別格霊場」が20ヶ所ある。88ヶ所と合わせると、人間の煩悩の数といわれる

108ヶ所になる。

●お接待（おせったい）

地元の人たちが食べ物や飲み物、ときにはお金を提供してくれることがある。四国独特の風習で、遍路に布施を施すことで功徳が得られるという考えが基本にある。遍路は「お接待」を受けたときには、「南《な》無《む》大師《だいし》遍《へん》照《じょう》金剛《こんごう》」と3回唱え、お礼に自分の納札を渡す。

●打つ（うつ）

かつて巡礼者が自分の名前を書いた木の札をお寺の壁などに打ち付けていたことから、八十八ヶ所で札を納めることを「打つ」という。

●順打ち（じゅんうち）、逆打ち（ぎゃくうち）

札所を一番札所から札所の番号順に回ることを「順打ち」、最後の八十八番札所から逆に回ることを「逆打ち」という。逆打ちは順打ちより回りにくく、道も険しくなることから、ご利益、功徳があるともいわれる。

●通し打ち（とおしうち）

八十八ヶ所をいっぺんに回ること。

●区切り打ち（くぎりうち）

八十八ヶ所を何回か、あるいは何年かに分けて回ること。

●一国参り（いっこくまいり）

讃岐なら讃岐一国だけ、四国のうち一国の札所だけをお参りすること。

●結願（けちがん）

八十八ヶ所すべてのお寺をお参りしおえること。区切り打ちや一国参りなど、途中から始めた場合は、88番目に訪れた寺が結願となる。

●納経（のうきょう）

遍路では本堂と大師堂の2つのお堂に納経する。納経には、お寺で実際にお経を上げる（読経《どきょう》）方法のほかに、般若心経などのお経を書き写したもの（写経《しゃきょう》）を納める方法がある。

●納札（おさめふだ）と納経帳（のうきょうちょう）

遍路では各札所で「納札」を納め、「納経帳」に墨書きと御朱印をいただく。「納札」は紙札に氏名を書き、各札所の本堂と大師堂に納める。

●御影（みえい、おすがた、みかげ）

納経所で御朱印をいただくときに、その寺の御本尊の姿を描いた絵札をいただける。これを集めて掛け軸にしたり、御影帳《みえちょう》に保存したりする。

●善根宿（ぜんこんやど）

遍路に宿を提供してくれる施設。

●先達（せんだつ）

先導者。四国八十八ケ所霊場会では巡礼4回以上の経験者が公認される。

［阿波の国 徳島県］

発心の道場 23ヵ寺

四国霊場は発心の道場（徳島県）、修行の道場（高知県）、菩薩の道場（愛媛県）、涅槃の道場（香川県）と、人生にたとえられる。発心とは悟りを求めて発願することで、一般的にお遍路の旅は一番札所から第一歩を踏み出し、八十八ヶ所ある札所を時計回りに巡る。

第1番札所

竺和山《じくわざん》一乗院《いちじょういん》

霊山寺《りょうぜんじ》

聖武天皇（在位724～749）の勅願により行基が開基。弘仁6（815）年、弘法大師は衆生の煩悩を浄化するとともに自らの厄難を祓って、心身の救済ができる霊場を開くためにこの地を訪れ、修法した。霊感を得た大師は当寺の本尊の前に念持仏の釈迦誕生仏像を納めて第一番札所と定め、四国を右廻りに巡る遍路道を創った。

宗派：高野山真言宗
本尊：釈迦如来
開基：行基菩薩
住所：鳴門市大麻町板東塚鼻126
電話：088-689-1111
宿坊：なし

第2番札所

日照山《にっしょうざん》 無量寿院《むりょうじゅいん》

極楽寺《ごくらくじ》

弘仁6（815）年、この地で弘法大師が修法し、結願の日に阿弥陀如来の姿を彫造して本尊とした。この像が発する光は遠くの海まで達して漁の妨げになったので、本堂の前に人工の小山を築いて遮ったという。天正年間（1573～92）に長宗我部元親の兵火で焼失したが、万治2（1659）年に蜂須賀光隆によって再建された。

宗派：高野山真言宗
本尊：阿弥陀如来
開基：行基菩薩
住所：鳴門市大麻町檜字段の上12
電話：088-689-1112
宿坊：あり（150人）

第３番札所

亀光山《きこうざん》 釈迦院《しゃかいん》
金泉寺 こんせんじ

聖武天皇（在位７２４〜７４９）の勅願により行基が寺塔を建立し、「金光明寺」と命名したと伝えられる。弘仁年間（８１０〜８２４）に弘法大師が日照りに苦しんでいる村人を見て井戸を掘ったところ、霊水が湧き出たという。以来、この井戸は「長寿をもたらす黄金の井戸」とされ、寺名の「金光明寺」を改め、「金泉寺」とした。

宗派：高野山真言宗
本尊：釈迦如来
開基：行基菩薩
住所：板野郡板野町大寺字亀山下66
電話：088-672-1087
宿坊：なし

第４番札所

黒巌山《こくがんざん》 遍照院《へんじょういん》
大日寺 だいにちじ

弘仁６（８１５）年、弘法大師が大日如来像を彫造し、この像を本尊として創建。この本尊にちなんで寺号を「大日寺」と命名したと伝えられる。興廃した時期もあったが、応永年間（１３９４〜１４２８）に松法師という僧に夢の託言があり、修復されたと寂本《じゃくほん》（１６３１〜１７０１）が著わした『四國霊場記』に記されている。

宗派：東寺真言宗
本尊：大日如来
開基：弘法大師
住所：板野郡板野町黒谷字居内5
電話：088-672-1225
宿坊：なし

第５番札所

無尽山《むじんざん》 荘厳院《しょうごんいん》
地蔵寺 じぞうじ

嵯峨天皇（在位８０９〜８２３）の勅願により、弘仁12（８２１）年に弘法大師が開基。大師は勝軍地蔵菩薩を彫像し、本尊とした。その後、紀州熊野権現の導師を務めていた浄函《じょうかん》上人が霊木に延命地蔵菩薩像を刻み、その胎内に大師作の像を納めたとも伝えられている。勝軍地蔵菩薩の信仰からか、武将たちが多くの寄進をしている。

宗派：真言宗御室派
本尊：延命地蔵 胎内仏・勝軍地蔵菩薩
開基：弘法大師
住所：板野郡板野町羅漢字林東5
電話：088-672-4111
宿坊：なし

第６番札所

温泉山《おんせんざん》 瑠璃光院《るりこういん》
安楽寺 あんらくじ

弘法大師によって温泉湯治の利益が伝えられた旧跡で、大師が人々を病苦から救う薬師如来を祀ったのが縁起とされる。桃山時代に阿波藩祖の蜂須賀家政が「駅路寺」と定め、遍路や旅人の宿泊、茶湯接待の施設を置いた。以来、宿坊は４００年の歴史を有し、現在も大師堂前から湧き出ている温泉が遍路の疲れを癒してくれる。

宗派：高野山真言宗
本尊：薬師如来
開基：弘法大師
住所：板野郡上板町引野8
電話：088-694-2046
宿坊：あり（300人・温泉あり）

四国八十八ヶ所巡礼の第一歩を踏み出す

お遍路はどの札所から始めてもかまわないが、第1番から第88番まで番号順に巡る「順打ち」が一般的な巡礼方法である。歩き遍路は45～50日はかかるロングトレイルで、途中には〝遍路ころがし〟と呼ばれる難所もある。だが、第1番から第6番までは全体的に平坦で、1日で無理なく歩ける。はじめて歩き遍路をする人の登竜門となるコースであり、格好の足慣らしにもなる。

発願の地・霊山寺へはJR高徳線の板東駅から徒歩15分ほどで到着する。その日のうちに歩き出すのもいいが、早い時間に霊山寺へ着かないようなら、前泊して翌朝からスタートするのもいいだろう。

第1番から第2番まではゆっくり歩いても25分もあれば歩ける。第2番～第3番は倍の50分ほどかかるが、わかりやすい舗装道路がつづいている。第

1. 霊山寺拝観日時
月　日　時　分到着
天気

2. 極楽寺拝観日時
月　日　時　分到着
天気

3. 金泉寺拝観日時
月　日　時　分到着
天気

4. 大日寺拝観日時
月　日　時　分到着
天気

5. 地蔵寺拝観日時
月　日　時　分到着
天気

6. 安楽寺拝観日時
月　日　時　分到着
天気

3番~第4番は未舗装の道が多く、昔ながらの遍路道といった感がある。第5番~第6番は約5.3kmと距離があるが、あわてることはない。ゆっくりマイペースで歩いていこう。

第6番の安楽寺には天然温泉につかれる宿坊があり、お遍路さんに喜ばれている(温泉が利用できるのは宿泊者のみ)。

◀◀◀ 運行情報

第1番札所 霊山寺
徒歩約15分 約1.2km ← 車約5分 約1km
第2番札所 極楽寺
徒歩約45分 約2.7km ← 車約10分 約3km
第3番札所 金泉寺
徒歩約1時間30分 約5.3km ← 車約15分 約7km
第4番札所 大日寺
徒歩約30分 約2km ← 車約10分 約2km
第5番札所 地蔵寺
徒歩約1時間30分 約5.3km ← 車約10分 約5km
第6番札所 安楽寺
徒歩約15分 約1.2km ← 車約5分 約1km
第7番札所 十楽寺

※時間と距離は遍路道を歩いた場合の目安です。

巡拝用品や四国の名産品までが揃う門前一番街

四国遍路のスタートとなる霊山寺の山門前に、「門前一番街」という商業施設がある。遍路に必要な巡礼用具や名産品などが充実しているので、仮に手ぶらできたとしても四国霊場を巡るにふさわしい巡礼装束が入手できる。また、軽食が食べられるお茶席コーナーも設けられていて、スタート前の腹ごしらえもできる。

モータリゼーションの発達していなかった時代、遍路は長く厳しい道のりを歩いて回るしか方法がなかった。さまざまな事情を抱え、それぞれの思いを胸に秘めた人たちが白衣を身に纏い、行き倒れても仕方ないと覚悟して巡礼の旅をしていた。白衣には死装束という意味が込められていたのだ。しかし、近年は歩き遍路よりもマイカーやバス、列車、バイクなどを利用する人が多く、服装もさまざまだ。

栗とコシヒカリで作られた焼き餅「あわくった」。栗とよもぎの2種類がある。

硬質な讃岐うどんに比べて優しい食感の「鳴ちゅるうどん」。写真は鳴門のわかめがたっぷり入ったわかめうどん。

物産館と記念館が一体となった道の駅「第九の里」

霊山寺から極楽寺までの遍路道から少し北に外れた場所に、物産館・鳴門市ドイツ館・賀川豊彦記念館が一体となった道の駅「第九の里」はある。

鳴門市ドイツ館は、第一次世界大戦時に板東俘虜収容所で生活したドイツ兵と地元の人々との交流を後世に伝えるために建てられた記念館で、賀川豊彦記念館は平和運動に挺身した賀川豊彦の諸活動や資料を紹介している。

道の駅 第九の里
住所：鳴門市大麻町桧字東山田53
電話：088-689-1119
営業時間： 9時～17時（物産館）／9時30分～16時30分（軽食コーナー）
定休日：第4月曜日（祝日の場合は翌日）

動きやすい服装はラクだが、上だけでも白衣を着て、輪袈裟を首にかけ、金剛杖を手にすると気持ちが引き締まるのもまた事実だ。時代が変わった現代、白衣は純粋無垢の姿をあらわしているとされ、金剛杖は弘法大師の分身であり、大師に見守られて巡礼をしている証でもある。正式とまではいかなくとも、霊場を巡るにふさわしい巡礼装束で四国の自然を歩いていると、青空に浮かぶ白い雲のように新たな思いが胸に去来するに違いない。

門前一番街
住所：鳴門市大麻町板東字西山田23
電話：088-689-4388
営業時間：7時～17時
定休日：年中無休

菅笠や数珠、金剛杖など四国霊場を巡るにふさわしい巡礼装束一式が揃っている。

安楽寺の参道にある土産物店「お四国のしらかわ」

お守りやお菓子、遍路用品などを販売している「お四国のしらかわ」では、コーヒーを飲んで休憩することもできる。中でも人気なのが伝説にちなんだ「さか松煎餅」。さか松は、猟師が誤って放った矢から弘法大師を守り助けたと伝えられる樹齢1300年にもなる松の木で、安楽寺境内の池のほとりにある。このさか松を拝むと厄除けになるといわれ信仰を集めている。

お四国のしらかわ
住所：板野郡上板町
引野寺ノ西北8
電話：088-694-5889
営業時間：9時～16時30分
定休日：年中無休

スケッチ欄▶▶▶

ひとくちメモ▶▶▶

俳句・短歌欄▶▶▶

写真・記念品などの添付欄▶▶▶

第7番札所
光明山《こうみょうざん》 蓮華院《れんげいん》 十楽寺 じゅうらくじ

寺は現在地から3kmほど北にあったと推定され、大同年間（806~810）に弘法大師が阿弥陀如来像を刻んだのが本尊として祀られたと伝えられている。その際、生・老・病・死など人間として避けることのできない苦難を阿弥陀如来の慈悲によって克服し、10の光明に輝く楽しみが得られるようにとの願いを寺名に込めたといわれる。

宗派：高野山真言宗
本尊：阿弥陀如来
開基：弘法大師
住所：阿波市土成町高尾字法教田58
電話：088-695-2150
宿坊：あり（100人・個室）

第8番札所
普明山《ふみょうざん》 真光院《しんこういん》 熊谷寺 くまだにじ

弘仁年間（810~824）、弘法大師がこの地の閼於《あか》ヶ谷で修行をしていたとき、熊野権現があらわれ、「末世の衆生を永く済度せよ」と告げて、5.5cmほどの金の観世音菩薩像を授けたという。大師は一刀三礼して霊木に等身大の千手観音像を刻み、頭髪の中へ仏舎利を入れ、胎内に金の尊像を納めて本尊にしたと伝えられている。

宗派：高野山真言宗
本尊：千手観世音菩薩
開基：弘法大師
住所：阿波市土成町土成字前田185
電話：088-695-2065
宿坊：なし

第9番札所
正覚山《しょうかくざん》 菩提院《ぼだいいん》 法輪寺 ほうりんじ

弘法大師が仏の使いである白蛇と出合って開基したという縁起から、古くは「白蛇山法林寺」と称され、現在地より4kmほど北にあった。移転したのは正保年間（1644~48）で、住職が「転法林で覚をひらいた」ことから「正覚山法輪寺」と改められた。大師が刻んだといわれる本尊は釈迦の涅槃《ねはん》像で、珍しい寝姿の仏像が祀られている。

宗派：高野山真言宗
本尊：涅槃釈迦如来
開基：弘法大師
住所：阿波市土成町土成字田中198-2
電話：088-695-2080
宿坊：なし

第10番札所
得度山《とくどざん》 灌頂院《かんじょういん》 切幡寺 きりはたじ

弘法大師が僧衣を繕うために布切れを所望すると、娘は織りかけていた布を惜しげもなく切って差し出した。この厚意に感動した大師は、娘の願いを聞いて千手観音像を刻み、得度させて灌頂《かんじょう》を授けた。娘は即身成仏し、千手観音菩薩に変身した。大師は、このことを嵯峨天皇に伝え、勅願により堂宇を建立したのが当寺の始まりだとされる。

宗派：高野山真言宗
本尊：千手観世音菩薩
開基：弘法大師
住所：阿波市市場町切幡字観音129
電話：0883-36-3010
宿坊：なし

第11番札所

金剛山《こんごうざん》 一乗院《いちじょういん》
藤井寺
ふじいでら

弘仁6(815)年、弘法大師が自らの厄難を祓い、衆生の安寧を願って薬師如来像を刻み、堂宇を建立した。その地からおよそ200m上の八畳岩に、金剛不壊といわれる堅固な護摩壇を築き、7日間の護摩修法を行ったのが開創と伝えられる。堂宇の前に5色の藤を手植えしたという由緒から、金剛山藤井寺と称されるようになった。戦国期に兵火、また天保3(1832)年には火災にあったが、本尊は難を逃れている。

宗派：臨済宗妙心寺派
本尊：薬師如来
開基：弘法大師
住所：吉野川市鴨島町飯尾1525
電話：0883-24-2384
宿坊：なし

現在の伽藍は万延元(1860)年に再建されたもの。本尊は「厄除け薬師」として信仰を集めている。

第12番札所

摩廬山《まろざん》 正寿院《しょうじゅいん》
焼山寺
しょうさんじ

大宝年間(701~704)に役行者《えんのぎょうじゃ》小角《おづぬ》が山を開き、蔵王権現を祀ったのが始まりとされている。この山には神通力を持った大蛇が棲んでおり、しばしば火を吐いて農作物や村人たちを襲っていた。弘仁6(815)年頃、弘法大師が大蛇を岩窟に封じ込め、三面大黒天を岩窟の上に安置。虚空蔵菩薩像を刻んで本尊として開山した。

1.6kmほど下ると四国遍路の元祖・衛門三郎の終焉地「杖杉庵《じょうしんあん》」がある。

宗派：高野山真言宗
本尊：虚空蔵菩薩
開基：役行者小角
住所：名西郡神山町下分字中318
電話：088-677-0112
宿坊：あり(30人・要予約)

標高938mの焼山寺山の8合目近くにあり、四国霊場で2番目に高い山岳札所。昔から難所をたどる修行の霊場だった。

険しい道のりがつづく「遍路ころがし」を歩く

第7番から第9番までは比較的平坦で、8番から9番札所へ向かう約2・5㎞の道は田園の広がるのどかな遍路道がつづいている。第10番札所の切幡寺は山の中腹にあり、本堂までは仁王門から３３３段の石段を上る。さらにその先は、本瓦葺きで建てられた、現在では全国唯一の二重方形の大塔へとつづいている。山麓から境内まではかなりの距離があるので、急がずにゆっくり周りの景色に目を向けながら一段一段、上っていきたい。

切幡寺から第11番の藤井寺までは約10㎞の山道がつづき、さらに次の12番札所・焼山寺までは往古の姿を留める細く険しい山道が約13㎞通じている。焼山寺は標高９３８ｍの山の8合目近くにあり、四国霊場で2番目に高い山岳札所。四国霊場には「遍路ころがし」と呼ばれる難所がいくつかあるが、焼

10. 切幡寺拝観日時
月　日　時　分到着
天　気

11. 藤井寺拝観日時
月　日　時　分到着
天　気

12. 焼山寺拝観日時
月　日　時　分到着
天　気

7. 十楽寺拝観日時
月　日　時　分到着
天　気

8. 熊谷寺拝観日時
月　日　時　分到着
天　気

9. 法輪寺拝観日時
月　日　時　分到着
天　気

山寺もその一つで、藤井寺からの道のりはひたすら険しい坂道で、マイカーやバスで行く場合は別ルートになる。

アップダウンがつづく「遍路ころがし」の代名詞のような道だが、弘法大師が修行中に休息したという遺跡や石仏などが残る貴重な遍路道で、往時に思いを馳せながら歩くことができる。

◀◀◀運行情報

第7番札所 十楽寺
徒歩約1時間 約4km ← 車約10分 約4km
第8番札所 熊谷寺
徒歩約40分 約2.5km ← 車約10分 約3km
第9番札所 法輪寺
徒歩約1時間20分 約4km ← 車約15分 約5km
第10番札所 切幡寺
徒歩約2時間40分 約10km ← 車約35分 約12km
第11番札所 藤井寺
徒歩約7時間 約13km ← 車約1時間30分 約43km
第12番札所 焼山寺
徒歩約7時間 約27km ← 車約1時間 約30km
第13番札所 大日寺

※時間と距離は遍路道を歩いた場合の目安です。

土御門上皇ゆかりの地に湧き出る天然温泉

第7番・十楽寺から第8番・熊谷寺へ向かう遍路道沿いにある天然温泉。日替わりで男女が入れ替わるローマ湯「ヴィーナス」と和の湯「けやき」がある。それぞれの施設には露天風呂や大浴場、寝湯などがあり、旅の疲れを癒してくれる。

また、和風レストラン「秋月」が併設されていて、郷土料理をはじめ、麺類や丼物、定食などが食べられる。

天然温泉 御所の郷
住所：阿波市土成町吉田字梨木原1
電話：088-695-4615
営業時間：10時〜23時（札止めは22時）
定休日：第4水曜日（祝日の場合は翌日）
料金：大人600円

無料の宿泊施設がある日帰り入浴温泉

第11番札所・藤井寺の近くにある鴨島温泉「鴨の湯」はドーム型の建物が印象的な入浴施設で、銭湯感覚で気軽に温泉気分が楽しめる。泉質はナトリウム・マグネシウム—塩化物温泉で、神経痛や筋肉痛などに効能がある。浴室には大浴場、水風呂、サウナがあり、おだやかな山並みが見渡せる露天風呂もある。

また入浴施設の隣には無料で宿泊できる小部屋や屋根のついた休憩スペースなどがあり、「歩き遍路」をしている人にはありがたい憩いの場になっている。藤井寺から焼山寺までの約13㎞におよぶ「遍路ころがし」を歩く前に、ここで英気を養い、体調を整えるのもいいだろう。

のどかな風景が見渡せる露天風呂。

鴨島温泉「鴨の湯」
住所：吉野川市鴨島町飯尾415-1
電話：0883-22-1926
営業時間：10時30分〜22時
定休日：第3木曜日
料金：大人450円

屋根つきの休憩スペース（上）と無料の宿泊部屋（下）。

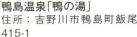

最初に四国八十八ヶ所を巡った伝説の人物とされる衛門三郎の終焉の地伝説が残る場所に建つ「杖杉庵」。四国八十八ヶ所霊場番外札所の一つで以前はここに住職がいたが、現在は無住となっており焼山寺が管理している。なお、納経印は焼山寺で受けることが出来る(左)。弘法大師と大師に深く詫びる衛門三郎の銅像(下)。

コラム ①

衛門三郎の霊跡「杖《じょう》杉《しん》庵《あん》」

天長年間(824~834)の頃、伊予国を治めていた河野家の一族に、荏原郷(現在の松山市)に暮らす衛門三郎という豪農がいた。三郎は欲深く、人望も薄かったという。あるとき、三郎の門前にみすぼらしい身なりの僧が托鉢に訪れた。三郎は家人に命じて追い返した。しかし、僧は翌日も、その翌日も現れ、8日目に三郎は怒って僧の鉢をたたき落とし、8つに割ってしまった。

三郎には8人の子がいたが、それ以降、毎年1人ずつ他界して、8年目には皆亡くなってしまった。悲しみに打ちひしがれていた三郎の枕元に托鉢の僧が現れ、それが弘法大師であったことに気がつき、後悔した。

三郎は大師に行った無礼な行いを詫びるために、田畑を売り払って家人たちに分け与え、妻とも別れ、大師を追い求めて四国巡礼の旅に出た。しかし、20回巡礼を重ねたが出会えず、21回目は逆に回ることにした。その途中、焼山寺近くの地で力つきて病に倒れてしまう。そこに大師が現れ、衛門三郎は非礼を詫びた。死期が迫りつつあった三郎に、大師が来世の望みを訊くと、河野家に生まれ変わり人の役に立ちたいと望んで息を引き取った。大師は路傍の石を取り「衛門三郎再来」と書いて、左の手に握らせた。天長8(831)年10月20日のことだとされる。

大師は三郎をこの地に葬り、墓標として彼が遍路に使用した杉の杖を立てたところ、杉の大木に育ったという。やがてこの地に庵が設けられ、杖杉庵と名付けられた。大杉は享保年間(1716~1736)に焼失し、現在のものは二代目。なお、天長9(832)年に伊予国の領主、河野息利《おきとし》に長男が生まれるが、その子は左手に「衛門三郎」と書いた石を固く握っていたという。

スケッチ欄▶▶▶

ひとくちメモ▶▶▶

俳句・短歌欄▶▶▶

写真・記念品などの添付欄▶▶▶

第13番札所 大栗山《おおぐりざん》 花蔵院《けぞういん》 大日寺 だいにちじ

弘法大師が護摩修法をしていると、大日如来が紫雲とともに舞いおり、「この地は霊地なり。心あらば一宇を建立すべし」と告げた。大師は、大日如来像を刻んで本尊とし、堂宇を建立して安置した。しかし、江戸時代には同じ境内に一宮神社があり、神仏分離令によって一宮神社にあった十一面観音像が大日寺に移されて本尊になった。

宗派：真言宗大覚寺派
本尊：十一面観世音菩薩
開基：弘法大師
住所：徳島市一宮町西丁263
電話：088-644-0069
宿坊：あり（150人）

第14番札所 盛寿山《せいじゅざん》 延命院《えんめいいん》 常楽寺 じょうらくじ

弘法大師が修行していると、化身した弥勒菩薩が多くの菩薩を従えて来迎した。大師はすぐに感得し、霊木にその尊像を刻み、堂宇を建立して本尊にした。弥勒菩薩は56億7千万年の後まで、衆生の救済を考え続けて出現するといわれる未来仏である。四国八十八ヶ所霊場の中で、弥勒菩薩を本尊としているのは常楽寺が唯一である。

宗派：高野山真言宗
本尊：弥勒菩薩
開基：弘法大師
住所：徳島市国府町延命606
電話：088-642-0471
宿坊：なし

第15番札所 薬王山《やくおうざん》 金色院《こんじきいん》 國分寺 こくぶんじ

天平13（741）年、聖武天皇（在位724〜749）は、五穀豊穣や天下太平を祈願して、全国68ヶ所に国分寺、国分尼寺を創建した。四国霊場には4県に国分寺があり、その最初の札所が「阿波國分寺」である。

開基は行基で、薬師如来を彫造し本尊としたと伝えられている。弘法大師が四国霊場の開創のために巡教したときに宗派を真言宗に改めたが、寛保元（1741）年に、現在の曹洞宗寺院になっている。

宗派：曹洞宗
本尊：薬師如来
開基：行基菩薩
住所：徳島市国府町矢野718-1
電話：088-642-0525
宿坊：なし

堂々と佇む入母屋造の本堂には、聖武天皇と光明皇后の位牌が祀られている。

第16番札所

光耀山《こうようざん》 千手院《せんじゅいん》

観音寺

かんおんじ

聖武天皇（在位724～749）が天平13（741）年に全国68ヶ所に国分寺・国分尼寺を創建したときに、勅願道場として創立。弘仁7（816）年に弘法大師がこの地を訪れ、千手観音像を刻んで本尊とし、脇侍像に悪魔を降伏する不動明王像と鎮護国家の毘沙門天像を安置して再興し、現在の寺名を定めたとされている。

宗派：高野山真言宗
本尊：千手観世音菩薩
開基：弘法大師
住所：徳島市国府町観音寺49-2
電話：088-642-2375
宿坊：なし

第17番札所

瑠璃山《るりざん》 真福院《しんぷくいん》

井戸寺

いどじ

天武天皇（在位673～686）が建立し、当時の寺名は「妙照寺」だった。本尊は七仏の薬師如来坐像で、聖徳太子の作と伝えられる。弘仁6（815）年に弘法大師が訪れ、十一面観音像を刻んで安置したという。また、大師は水不足に悩んでいる村人を哀れんで一夜にして井戸を掘ったとされ、寺名も「井戸寺」に改めたという。

宗派：真言宗善通寺派
本尊：七仏薬師如来
開基：天武天皇
住所：徳島市国府町井戸北屋敷80-1
電話：088-642-1324
宿坊：なし

第18番札所

母養山《ぼようざん》 宝樹院《ほうじゅいん》

恩山寺

おんざんじ

創建当時は「大日山福生院密厳寺」という女人禁制の道場だった。弘法大師がこの寺で修行をしていたところ、大師の生母・玉依御前《たまよりごぜん》が讃岐の善通寺から訪ねてきた。大師は7日間瀧に打たれて女人解禁の祈願を成就して、母君を迎えて孝行を尽くしたという。

やがて母君は剃髪して、その髪を奉納したので、大師は山号寺名を「母養山恩山寺」と改め、自像を刻んで安置したと伝えられる。

宗派：高野山真言宗
本尊：薬師如来
開基：行基菩薩
住所：小松島市田野町字恩山寺谷40
電話：0885-33-1218
宿坊：なし

山門からつづく階段を上がれば木々が生い茂る境内へたどり着く。大師堂には大師が自らの像を刻んだ彫像が安置されている。

山道を下り町中へと つづく遍路道を歩く

眼下に美しい山並みが広がる第12番・焼山寺の境内には樹齢数百年の杉の巨木が並び、当寺のシンボルになっている。ここから第13番・大日寺までは杉林を下り、舗装された道を27kmほど歩くことになる。車道を利用すれば約30kmで、さらに距離がのびる。

遍路道は神山町役場を少し過ぎ、神山町中学校の手前で左右2つのコースに分かれる。左へ進めば鮎喰《あくい》川に沿った徳島県道20号線、右は国道４３８号線と徳島県道21号線を経由して大日寺へ至る。焼山寺から大日寺までの区間を過ぎれば、第13番から第17番までの札所間はおよそ８００ｍから３kmほどしか離れておらず、近場に集中しているので通しやすい。

そして、第17番・井戸寺から第18番・恩山寺までは徒歩だと約19kmとふたたび距離があり、早朝に焼山寺の宿坊を

16. 観音寺拝観日時
月　日　時　分到着
天　気

13. 大日寺拝観日時
月　日　時　分到着
天　気

17. 井戸寺拝観日時
月　日　時　分到着
天　気

14. 常楽寺拝観日時
月　日　時　分到着
天　気

18. 恩山寺拝観日時
月　日　時　分到着
天　気

15. 國分寺拝観日時
月　日　時　分到着
天　気

出たとしても、第18番まで通すのは現実的ではない。どうしてもその日のうちに到着したいのであれば、途中でバスやタクシーを利用するのが賢明だろう。先を急ぐ必要がないのであれば、第15番の國分寺か第16番の観音寺で区切りおさめてもいいだろう。時間配分には十分ゆとりをもったうえで、無理をせずに歩きたい。

◀◀◀運行情報

第13番札所 大日寺
徒歩約45分 約3km ← 車約10分 約3km
第14番札所 常楽寺
徒歩約10分 約0.8km ← 車約5分 約1km
第15番札所 國分寺
徒歩約30分 約2km ← 車約10分 約2km
第16番札所 観音寺
徒歩約50分 約3km ← 車約20分 約4km
第17番札所 井戸寺
徒歩約5時間 約19km ← 車約1時間 約20km
第18番札所 恩山寺
徒歩約1時間20分 約4km ← 車約15分 約5km
第19番札所 立江寺

※時間と距離は遍路道を歩いた場合の目安です。

地元の新鮮野菜を使った そばや定食が味わえる

第12番・焼山寺から第13番・大日寺へ向かう国道438号線沿いにある道の駅。地元農家から直送の新鮮な野菜や当地の特産品が販売されている。軽食コーナー「旬彩茶屋」では、うどんやそば、寿司、地元の食材を使った日替り定食などが食べられる。

里山でいただくうどんやそばは格別な味わい。

道の駅 温泉の里 神山
住所：名西郡神山町神領字西上角151-1
電話：088-636-7077
営業時間：9時〜18時（3月〜10月）
9時〜17時（11月〜2月）
定休日：第3火曜日（祝日の場合は営業）

畳敷きの浴場に 癒される里山の温泉

神山温泉の泉質は重曹を含む食塩泉で、神経痛や関節痛、筋肉痛に効能があり、歩き遍路で疲れた身体を癒してくれる。大浴場は青石を使った浴槽と玉石を使った浴槽があり、男女週替わりで利用できる。日帰り入浴だけでなく、隣接したホテルで宿泊もできる。

「いやしの湯」はロビーや脱衣所だけでなく浴場も畳敷きで気持ちがいい。

神山温泉 ホテル四季の里＆いやしの湯
住所：名西郡神山町神領本上角80-2
電話：088-676-1117
営業時間：10時〜21時（日帰り入浴／4月〜9月）
10時〜20時（日帰り入浴／10月〜3月）
定休日：第4火曜日（祝日の場合は翌日）
料金：大人600円

深夜1時まで営業 眉山山麓の天然温泉

遍路道からは少し離れた眉山山麓にあるスーパー銭湯。泉質はメタケイ酸含有温泉で、ジェットバスやサウナ、露天風呂などの施設もあり、充実している。また、軽食コーナーや整体コーナーも併設されていて、くつろぎや癒しの場として賑わっている。

地域のコミュニケーションの場所でもあるスーパー銭湯。

乙女の湯 八万温泉
住所：徳島市八万町下長谷258
電話：088-668-5526
営業時間：8時〜25時
定休日：4・7・11月の第2水曜日
料金：大人410円

コラム ②

四国別格二十霊場

弘法大師が生まれ、修行を行った四国には、四国八十八ヶ所霊場のほかにも数多くの縁がある寺院や場所が残っている。それらは番外霊場として人々の信仰を集めてきた。それらの番外霊場のうち20の寺院が集まって、昭和43（1968）年に創設されたのが四国別格二十霊場である。

四国八十八ヶ所にこの20の霊場を加えると人間の煩悩の数と同じ108となる。このことから、煩悩が滅することを願って、この霊場を四国八十八ヶ所と合わせて参拝する人も少なくない。

霊場一覧

札番	山号／寺院名	本尊	宗派	所在地
第1番	大山寺（たいさんじ）	千手観世音菩薩	真言宗醍醐派	徳島県板野郡上板町神宅字大山 14-2
第2番	童学寺（どうがくじ）	薬師如来	真言宗善通寺派	徳島県名西郡石井町石井字城ノ内 605
第3番	慈眼寺（じげんじ）	十一面観世音菩薩	高野山真言宗	徳島県勝浦郡上勝町大字正木字灌頂瀧 18
第4番	鯖大師本坊（さばだいしほんぼう）	弘法大師	高野山真言宗	徳島県海部郡海陽町浅川字中相 15
第5番	大善寺（だいぜんじ）	弘法大師	高野山真言宗	高知県須崎市西町 1-2-1
第6番	龍光院（りゅうこういん）	十一面観世音菩薩	高野山真言宗	愛媛県宇和島市天神町 1-1
第7番	出石寺（しゅっせきじ）	千手観世音菩薩	真言宗御室派	愛媛県大洲市長浜町豊茂乙 1
第8番	十夜ヶ橋（とよがはし）	弥勒菩薩	真言宗御室派	愛媛県大洲市東大洲 1808
第9番	文珠院（もんじゅいん）	地蔵菩薩 文殊菩薩	真言宗醍醐派	愛媛県松山市恵原町 308
第10番	西山興隆寺（にしやまこうりゅうじ）	千手観世音菩薩	真言宗醍醐派	愛媛県西条市丹原町古田 1657
第11番	生木地蔵（いききじぞう）	生木地蔵菩薩	高野山真言宗	愛媛県西条市丹原町今井 141-1
第12番	延命寺（えんめいじ）	延命地蔵菩薩	真言宗御室派	愛媛県四国中央市土居町土居 895
第13番	仙龍寺（せんりゅうじ）	弘法大師	真言宗大覚寺派	愛媛県四国中央市新宮町馬立 1200
第14番	椿堂（つばきどう）	延命地蔵菩薩 非核不動尊	高野山真言宗	愛媛県四国中央市川滝町椿堂
第15番	箸蔵寺（はしくらじ）	金毘羅大権現	真言宗御室派	徳島県三好市池田町州津蔵谷 1006
第16番	萩原寺（はぎわらじ）	伽羅陀山 火伏地蔵菩薩	真言宗大覚寺派	香川県観音寺市大野原町萩原 2742
第17番	神野寺（かんのじ）	薬師如来	真言宗善通寺派	香川県仲多度郡まんのう町神野 45-12
第18番	海岸寺（かいがんじ）	正観世音菩薩 弘法大師誕生仏	真言宗醍醐派	香川県仲多度郡多度津町大字 西白方 997-1
第19番	香西寺（こうざいじ）	延命地蔵菩薩	真言宗大覚寺派	香川県高松市香西西町 211
第20番	大瀧寺（おおたきじ）	西照大権現	真言宗御室派	徳島県美馬市脇町字西大谷 674

スケッチ欄▶▶▶

ひとくちメモ▶▶▶

俳句・短歌欄▶▶▶

写真・記念品などの添付欄▶▶▶

第19番札所

橋《きょう》池《ち》山《ざん》 摩《ま》尼《に》院《いん》

立江寺《たつえじ》

聖武天皇（在位724～749）の勅命により、行基が光明皇后の安産を祈るために小さな黄金の「延命地蔵菩薩」を刻んで本尊にし、堂塔を建立したと伝えられる。

弘仁6（815）年に当寺を訪れた弘法大師が、小さな本尊の紛失を危惧し、新たに像高1・9mもある延命地蔵像を刻み、その胎内に納めて安置した。

四国八十八ヶ所霊場の根本道場といわれ、阿波の関所寺としても知られる。

宗派：高野山真言宗
本尊：延命地蔵菩薩
開基：行基菩薩
住所：小松島市立江町若松13
電話：0885-37-1019
宿坊：あり（200人）

第20番札所

霊鷲《りゅうじゅ》山《ざん》 宝珠《ほうじゅ》院《いん》

鶴林寺《かくりんじ》

延暦17（798）年、桓武天皇（在位781～806）の勅願により、弘法大師が開基。大師がこの山で修行していたとき、雌雄2羽の白鶴がかわるがわる翼をひろげて黄金の地蔵菩薩を守護しながら老杉の梢に舞い降りた。この情景を見た大師は、霊木に地蔵菩薩像を刻み、その胎内に黄金の地蔵さんを納めて本尊とし、寺名を鶴林寺にしたと伝えられる。標高550mの山頂にあり、八十八ヶ所巡礼の難所として知られる。

宗派：高野山真言宗
本尊：地蔵菩薩
開基：弘法大師
住所：勝浦郡勝浦町生名鷲ヶ尾14
電話：0885-42-3020
宿坊：なし

本堂を守るように左右には一対の鶴が立つ（左）。三重塔は各層が和様、唐様など異なった建築手法を駆使して造られている（右）。

第21番札所

舎心山《しゃしんざん》 常住院《じょうじゅういん》 太龍寺 たいりゅうじ

延暦12（793）年、桓武天皇（在位781〜806）の勅願により弘法大師が開基。大師が19歳のころに修行を行い、青年時代の思想形成に大きな影響を及ぼした場所としても知られている。標高618mの太龍寺山の山頂近くにあり、かつては阿波三大難所の一つとして知られていたが、現在はロープウェイが通じている。

宗派：高野山真言宗
本尊：虚空蔵菩薩
開基：弘法大師
住所：阿南市加茂町龍山2
電話：0884-62-2021
宿坊：なし

第22番札所

白水山《はくすいざん》 医王院《いおういん》 平等寺 びょうどうじ

弘法大師がこの地で修行をしていると、空中に薬師如来が現れ、光明が四方に輝いた。大師が加持水を求め、杖で井戸を掘ると白い水が湧き出した。大師はその霊水で身を清め、100日の修行の後に薬師如来像を刻み、本尊として安置した。人々が平等に救済されることを願い、寺号を平等寺と定めた。延暦11（792）年のことだとされる。

宗派：高野山真言宗
本尊：薬師如来
開基：弘法大師
住所：阿南市新野町秋山177
電話：0884-36-3522
宿坊：なし

第23番札所

医王山《いおうざん》 無量寿院《むりょうじゅいん》 薬王寺 やくおうじ

聖武天皇（在位724〜749）の勅願により行基が開基。弘仁6（815）年、弘法大師が厄除薬師如来坐像を刻んで本尊とし、厄除けの根本祈願寺とした。

厄除け橋を渡って本堂に向かう最初の33段の石段は「女厄坂」、つづく42段の石段は「男厄坂」、さらに本堂から「瑜祇塔《ゆぎとう》」までの61段は男女の「還暦厄坂」と呼ばれる。

宗派：高野山真言宗
本尊：厄除薬師如来
開基：行基菩薩
住所：海部郡美波町奥河内寺前285-1
電話：0884-77-0023
宿坊：あり
（予約専用電話：0884-77-1138）

各石段の下には『薬師本願経』の経文が書かれた小石が埋め込まれていて、1段ごとにお賽銭をあげながら登る参拝者の姿が見られる。瑜祇塔は真言宗の経典である瑜祇経の教えに基づき、屋根に五柱の相輪が立っている。

徳島自動車道
徳島線
11
徳島駅
192
55
438
牟岐線
恩山寺 18
南小松島駅
193
438
立江寺 19
勝浦川
道の駅
ひなの里 かつうら
立江駅
羽ノ浦駅
別格第3番 慈眼寺
55
16
16
28
阿南駅
鶴林寺 20
難所 遍路ころがし
太龍寺 21
22 平等寺
195
太龍寺ロープウェイ
284
土佐街道
新野駅
35
26
195
阿波福井駅
195
55
牟岐線
193
トンネル
由岐駅
19
289
田井ノ浜駅
木岐駅
薬王寺 23
25
北河内駅
薬王寺温泉 湯元 醫王《いおう》の湯
日和佐駅
道の駅 日和佐
日和佐街道
37
55
牟岐線
辺川駅
別格第4番 鯖大師本坊
牟岐駅
土佐中街道
193
鯖瀬駅
浅川駅
阿波海南駅
海部駅
宍喰駅
道の駅 宍喰温泉
佐海岸鉄道
ホテルリビエラししくい
甲浦駅
93
N
5km

「阿波の三難所」のうちの二ヶ所が連続する道を歩く

第18番・恩山寺から第19番・立江寺までは、約4km。健脚なら1時間ほどでたどり着ける。ここから先は、札所間の距離が比較的長くなる。立江寺から第20番・鶴林寺まではおよそ14kmと距離があるうえに、「一に焼山、二にお鶴、三に太龍」といわれるほど、急勾配な坂を上らなければたどり着けない「遍路ころがし」の一つとして知られている。

さらに鶴林寺から第21番・太龍寺へ行くには那賀川まで下り、ふたたび山を登る。標高618mの太龍寺山の山頂近くにある太龍寺は、麓から4kmの急な参道がつづき、焼山寺、鶴林寺とともに「阿波の三難所」と呼ばれるなかでも、最大の難所である。しかし、今は山麓駅から山頂駅までの全長2775mを結ぶロープウェイが20分毎に運行していて、これに乗れば10分で太龍寺のある山頂に到着できる。阿南市側から車で行く場合には、駐車場から2kmの山道を歩くことになる。

この先、22番を打ち、阿波の国最後の霊場・薬王寺を目指すことになるが、太龍寺から薬王寺までは約33kmあり、10時間ほど歩くことになる。21か22番周辺で宿泊し、翌日に備えたい。

◀◀◀運行情報

第19番札所 立江寺
徒歩約4時間45分 約14km ⬅ 車約30分 約14km
第20番札所 鶴林寺
徒歩約3時間 約7km ⬅ 車約20分 約10km
第21番札所 太龍寺
徒歩約4時間15分 約12km（ロープウェイ利用）⬅ 車約25分 約14km
第22番札所 平等寺
徒歩約6時間15分 約21km ⬅ 車約30分 約23km
第23番札所 薬王寺
徒歩約22時間 約75km ⬅ 車2時間 約75km
第24番札所 最御崎寺

※時間と距離は遍路道を歩いた場合の目安です。

19. 立江寺拝観日時
月　日　時　分到着
天気

20. 鶴林寺拝観日時
月　日　時　分到着
天気

21. 太龍寺拝観日時
月　日　時　分到着
天気

22. 平等寺拝観日時
月　日　時　分到着
天気

23. 薬王寺拝観日時
月　日　時　分到着
天気

弘法大師が発見したと伝えられている温泉

第23番・薬王寺に隣接した場所にある温泉施設で、泉源は弘仁6（815）年の昔に弘法大師が発見したと伝えられている。薬王寺を開基したとき、大師は山腹から湧き出している諸病に卓効がある霊水を見つけ、村人に温浴と服用をすすめ、多くの人を救ったという。その偉徳を讃え、「薬王寺温泉」と名づけられた。

硫化水素を含む良質の温泉で、神経痛や筋肉痛、関節痛などに効用がある。浴場やサウナに加えて食堂や休憩スペースもあるので、ゆっくりと身体の疲れを癒せる。また、コインランドリーも完備されている。

泉質は神経痛や筋肉痛に効用がある含硫黄・ナトリウム・塩化物冷鉱泉（左）。サウナも完備されている（上）。

薬王寺温泉 湯元 醫王《いおう》の湯
住所：海部郡美波町奥河内字寺前248
電話：0884-77-1126
営業時間：13時〜21時
定休日：年2回メンテナンス休あり
料金：大人500円

無料で利用できる足湯がある道の駅

道の駅「日和佐」はJR日和佐駅の隣に位置し、国道55号線に面している。地元の野菜や果物、特産品が並ぶ産直館と物産館に加え、無料で利用できる足湯館がある。道の駅の敷地内で湧き出している温泉を利用した足湯で、20人まで利用できる。歩き疲れた足を休められる、ありがたいスポットだ。

道の駅 日和佐
住所：海部郡美波町奥河内寺前493-6
電話：0884-77-2121（物産館事務所 ）
営業時間：平日9時〜18時、土日祝8時〜19時
定休日：年中無休

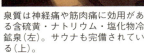

レストランや徳島県南の観光案内所がある道の駅

道の駅「宍喰《ししくい》温泉」は、リアス式海岸の景勝地である室戸阿南海岸国定公園のほぼ中央に位置し、国道55号線に面している。館内にはレストランや売店に加えて、徳島県南の地域情報や道路情報を提供する観光ターミナルもある。食事は「阿波尾鶏カリカリ揚げ定食」が人気。

道の駅 宍喰温泉
住所：海部郡海陽町久保字板取219-6
電話：0884-76-3442
営業時間：平日10時～20時、土日祝8時～20時（レストラン）平日9時～20時、土日祝7時30分～20時（売店）9時～17時(産品直売所 年末年始は除く)
定休日：年中無休

太平洋を望みながら日帰り入浴ができるホテル

日帰り入浴だけでも利用ができる「ホテルリビエラししくい」は、道の駅「宍喰温泉」の隣にある。入浴施設からは太平洋が一望でき、ナトリウム炭酸水素塩泉のお湯は心も身体も癒してくれる。サウナやひのき風呂、ミストサウナなども完備されていている。

翌日からの旅に備えて宿泊するのもいいだろう。

ホテルリビエラししくい
住所：海部郡海陽町宍喰浦字松原226-1
電話：0884-76-3300
営業時間：6時30分～9時
11時～22時(受付終了)
定休日：年中無休　料金：大人600円

コラム ③

「逆打ち」は「順打ち」の3回分のご利益

そもそも「お遍路」とは、弘法大師の足跡をたどり、八十八ヶ所の霊場を巡拝することをいい、どこから始めてもかまわない。

たとえば高知龍馬空港から入ったら、高知市街の札所から歩き始めればいい。ただ、徳島県の第1番札所から番号順に時計回りに巡る「順打ち」が一般的な巡礼方法とされている。

反対に第88番札所から反時計回りに巡礼することを「逆打ち」という。遍路道の案内は順打ちを基準に整備されているので、逆打ちは迷いやすく、苦労するので、順打ち3回分のご利益があるといわれている。だからと言って、最初から「逆打ち」をすることは慎んだほうがいいだろう。

スケッチ欄▶▶▶

ひとくちメモ▶▶▶

俳句・短歌欄▶▶▶

写真・記念品などの添付欄▶▶▶

［土佐の国 高知県］
修行の道場 16ヶ寺

悟りを求め、仏道を身につけようと発心して阿波の23ヶ寺を巡ったあとは、修行の道場である土佐で精神性を高める旅が待っている。太平洋の黒潮が洗う海岸線を歩いたり、急勾配の坂も多く、自然の厳しさと向き合いながら、ひたすら無心に歩くことになる。

第24番札所

室戸山《むろとざん》 明星院《みょうじょういん》

最御岬寺 ほつみさきじ

室戸岬の突端にある土佐最初の霊場。室戸岬は弘法大師が悟りを開いたとされる場所で、大同2（807）年、唐から帰朝した大師は、嵯峨天皇（在位809〜823）の勅命を受けてふたたびこの地を訪れた。そして、虚空蔵菩薩像を刻んで本尊とし、伽藍を建立した。当時は女人禁制の寺だったが、明治5（1872）年に解禁された。

宗派：真言宗豊山派
本尊：虚空蔵菩薩
開基：弘法大師
住所：室戸市室戸岬町4058-1
電話：0887-23-0024
宿坊：あり（100人）

第25番札所

宝珠山《ほうしゅざん》 真言院《しんごんいん》

津照寺 しんしょうじ

大同2（807）年、弘法大師がこの地を訪れたとき、山の形が地蔵菩薩の持つ宝珠《ほうじゅ》に似ているところから霊地と感得し、地蔵菩薩を刻んで本尊として、開基。宝珠山真言院津照寺と号した。建立以来多くの信仰を集め、長宗我部氏や山内氏が深く帰依したが、明治の改革で一時廃寺となった。明治16（1883）年には再興した。

宗派：真言宗豊山派
本尊：地蔵菩薩（楫取地蔵）
開基：弘法大師
住所：室戸市室津2652-イ
電話：0887-23-0025
宿坊：なし

第26番 札所

龍頭山《りゅうずざん》 光明院《こうみょういん》 金剛頂寺《こんごうちょうじ》

大同2(807)年、平城天皇(在位806~809)の勅願により、弘法大師が開基。創建のころは「金剛定寺」といわれたが、嵯峨天皇(在位809~823)が「金剛頂寺」とした勅額を奉納したことから現在の寺名に改められた。室町時代と明治時代に堂宇が罹災したこともあったが、復興ははやく、諸堂が整備されている。

宗　派：真言宗豊山派
本　尊：薬師如来
開　基：弘法大師
住　所：室戸市元乙523
電　話：0887-23-0026
宿　坊：あり(100人)

第27番 札所

竹林山《ちくりんざん》 地蔵院《じぞういん》 神峯寺《こうのみねじ》

神功《じんぐう》皇后の世に、勅命で天照大神などを祀る神社を創建したのが起源とされる。

天平2(730)年、聖武天皇(在位724~749)の勅願で行基が十一面観音像を刻んで本尊とし、神仏合祀を行った。その後、大同4(809)年のころ平城天皇(在位806~809)の勅命で弘法大師が伽藍を建立し、「観音堂」と名付けたとされている。

宗派：真言宗豊山派
本尊：十一面観世音菩薩
開基：行基菩薩
住所：安芸郡安田町唐浜2594
電話：0887-38-5495
宿坊：なし

第28番 札所

法界山《ほうかいざん》 高照院《こうしょういん》 大日寺《だいにちじ》

聖武天皇(在位724~749)の勅願により、行基が大日如来の尊像を刻み、堂宇に安置して開創したと伝えられる。その後、寺は荒廃したが、弘法大師が弘仁6(815)年に、人々の安泰を祈って楠の大木に爪で薬師如来像を刻み、これを祀って復興した。楠は明治に大風で倒れたが、跡地に建てた一堂に霊木として安置されている。

宗派：真言宗智山派
本尊：大日如来
開基：行基菩薩
住所：香南市野市町母代寺476-1
電話：0887-56-0638
宿坊：なし

第29番 札所

摩尼山《まにざん》 宝蔵院《ほうぞういん》 国分寺《こくぶんじ》

天平13(741)年、聖武天皇(在位724~749)の勅願で行基が開基。天皇自らが『金光明最勝王経』を書写して納め、天下の泰平と五穀の豊穣、万民の豊楽を願う祈願所とした。弘法大師がこの地を巡錫《じゅんしゃく》したのは弘仁6(815)年のころで、毘沙門天像を刻んで奥の院に安置し、厄除けの「星供の秘法」を修めたと伝えられる。

宗　派：真言宗智山派
本　尊：千手観世音菩薩
開　基：行基菩薩
住　所：南国市国分546
電　話：088-862-0055
宿　坊：なし

南国情緒を味わいながら太平洋に沿った道を歩く

「発心の道場」最後の霊場である第23番・薬王寺から「修行の道場」とされる土佐最初の霊場となる第24番・最御崎寺まではおよそ75kmあり、2～3日かけて歩くことになる。

最御崎寺から第26番・金剛頂寺までは室戸岬から海岸沿いに西北に向かい、距離にして10kmあまり、3時間ほどでたどり着ける。室戸岬では東西に対峙している第26番・金剛頂寺が「西寺」と呼ばれ、最御崎寺は「東寺」とも呼ばれている。

金剛頂寺から第27番・神峯寺までは太平洋沿いの国道55号線を30km以上歩き、さらに険しい山道を3km以上歩くことになる。歩ききれない場合は神峯山の麓の民宿で1泊し、翌朝に登るといいだろう。

神峯寺は標高450mの神峯山の頂上付近に山門があり、境内の本堂まで

24. 最御前寺拝観日時
月　日　時　分到着
天　気

25. 津照寺拝観日時
月　日　時　分到着
天　気

26. 金剛頂寺拝観日時
月　日　時　分到着
天　気

27. 神峯寺拝観日時
月　日　時　分到着
天　気

28. 大日寺拝観日時
月　日　時　分到着
天　気

29. 国分寺拝観日時
月　日　時　分到着
天　気

はさらに160段もの石段がつづいている。土佐の関所とも呼ばれた霊場で、幕末のころ、三菱財閥を築いた岩崎弥太郎の母が、20km離れた家から急坂を21日間日参し、息子の出世を祈願したという話が伝わっている。

神峯寺から第28番・大日寺までは、ふたたび太平洋に沿ったアスファルトの国道を38km近く歩く。

◀◀◀運行情報

第24番札所 最御崎寺
徒歩約1時間30分 約6.5km ⬅ 車約15分 約6km
第25番札所 津照寺
徒歩約1時間20分 約4km ⬅ 車約15分 約5km
第26番札所 金剛頂寺
徒歩約9時間 約30km ⬅ 車約1時間30分 約33km
第27番札所 神峯寺
徒歩約11時間15分 約38km ⬅ 車約1時間 約38km
第28番札所 大日寺
徒歩約2時間20分 約9km ⬅ 車約20分 約12km
第29番札所 国分寺
徒歩約2時間 約7km ⬅ 車約30分 約11km
第30番札所 善楽寺

※時間と距離は遍路道を歩いた場合の目安です。

地元名産の鮮魚や鯨料理など豊富なメニューが楽しめる

金剛頂寺から国道55号線へ戻り、1kmほど神峯寺に向かって北西へ歩いた海岸沿いに道の駅「キラメッセ室戸」はある。敷地内にはレストラン「食遊 鯨の郷」、鮮魚や新鮮な野菜などの直売所「楽市」、クジラ漁の資料を展示する「鯨館」がある。人気の食事メニューは鯨料理で、鯨竜田揚定食や鯨ステーキ定食などが味わえる。

道の駅 キラメッセ室戸
住所：室戸市吉良川町丙890-11
電話：0887-25-3500（レストラン）
営業時間：10時～20時（11～2月は19時30分まで）
定休日：月曜日（祝日の場合は翌日）

安芸市のご当地グルメ「ちりめん丼」が味わえる

道の駅「大山」は、大山岬にあり、道路交通情報棟、公衆トイレ棟、特用林産物販売棟の3つの棟で構成されている。地元で獲れたちりめんじゃこを使った安芸名物の「ちりめん丼」が人気が高い。

道の駅 大山
住所：安芸市下山1400
電話：0887-32-0506
営業時間：8時30分～18時（4～9月）8時30分～17時（10～3月）
定休日：12月31日～1月2日

コラム ④

「空海」の法名を得たとされる御厨人窟《みくろど》

最御崎寺から車で5分ほど走った所に、御厨人窟と神明窟と呼ばれる2つの洞窟がある。御厨人窟は弘法大師が虚空蔵求聞持法の修行を行っていたときに住居として使ったと伝わる洞窟で、ここから眺めた空と海の風景に感銘を受け、法名を教海から空海に改めたと伝えられている。

グルメやテイクアウトなどが揃っている海辺のオアシス

土佐くろしお鉄道ごめん・なはり線の夜須駅に隣接して道の駅「やす」はある。産直の野菜や果物が並ぶ「やすらぎ市」やレストラン、土産物店などがあり、宿泊や道路案内などの情報が入手できるコーナーもある。「たこ焼きはかせ」のたこ焼きが人気。

道の駅 やす
住所：香南市夜須町千切537-90
電話：0887-57-7122
（道の駅管理事務所）
営業時間：8時～22時（店舗により異なる）
11時～18時（たこ焼きはかせ）
定休日：年中無休
（たこ焼きはかせは月曜定休）

モーニングバイキングは和洋メニューが食べ放題

第29番・国分寺の近くに道の駅「南国風良里」はある。施設内には地域の特産品を販売する物産館、レストラン、地元の新鮮野菜などが並ぶ直売所がある。地元の人たちにも利用されている。なかでも「カフェレスト風良里」のモーニングバイキングは人気で、バラエティー豊かなメニューが楽しめる。

道の駅 南国風良里
住所：南国市左右山102-1
電話：088-880-8112
営業時間：平日9時～18時
定休日：奇数月の火曜日のうち1日
カフェレスト風良里は毎週火曜日

コラム ⑤

病気平癒に霊験あらたかと伝えられる霊水「神峯の水」

第27番・神峯寺の納経所の向かいに、歩いて登ってきた遍路の喉を潤してくれる「神峯の水」と呼ばれる石清水がある。霊水として名高い湧水で、病気平癒に霊験あらたかであると伝えられている。病気で危篤状態にあった北海道在住の女性の夢に弘法大師が現れ、霊水を飲ませてくれて一命をとりとめた。その女性が大師に飲ませてもらった霊水を探してまわり、この石清水に行きついたという逸話が伝わっている。

スケッチ欄▶▶▶

ひとくちメモ▶▶▶

俳句・短歌欄▶▶▶

写真・記念品などの添付欄▶▶▶

第30番札所

百々山《どどざん》 東明院《とうみょういん》 善楽寺 ぜんらくじ

大同年間（806～810）、弘法大師が高鴨大明神の別当寺として神宮寺と善楽寺を開創し、善楽寺を霊場と定めた。以来、神仏習合の寺院として栄えたが、明治時代に廃仏毀釈の難を受け廃寺となった。そこで安楽寺が代行業務を行うが、昭和4（1929）年に善楽寺が再興し、混迷の時期を経て、平成6年に善楽寺が正式に第30番となった。

宗派：真言宗豊山派
本尊：阿弥陀如来
開基：弘法大師
住所：高知市一宮しなね2丁目23-11
電話：088-846-4141
宿坊：なし

第31番札所

五台山《ごだいさん》 金色院《こんじきいん》 竹林寺 ちくりんじ

神亀元（724）年ころ、聖武天皇（在位724～749）が中国の五台山に登り、文殊菩薩に拝した霊夢を見た。天皇から五台山に似た山を見つけるよう命じられた行基はこの地がふさわしいと感得し、文殊菩薩像を刻み、本堂を建てて安置した。その後、大同年間（806～810）に弘法大師が荒廃した堂塔を修復し、霊場に定めた。

宗派：真言宗智山派
本尊：文殊菩薩
開基：行基菩薩
住所：高知市五台山3577
電話：088-882-3085
宿坊：なし

第32番札所

八葉山《はちようざん》 求聞持院《ぐもんじいん》 禅師峰寺 ぜんじぶじ

聖武天皇（在位724～749）から勅命を受けた行基が、土佐沖を航行する船舶の安全を願って、堂宇を建てたのが起源とされている。

その後、大同2（807）年に弘法大師がこの地を訪れ、奇岩霊石が立ち並ぶ境内が仏道の理想の山とされる天竺・補陀落山《ふだらくせん》さながらの霊域であると感得し、ここで虚空蔵求聞持法の護摩を修法したという。このとき自ら十一面観世音菩薩像を刻んで本尊としたと伝えられる。

宗派：真言宗豊山派
本尊：十一面観世音菩薩
開基：行基菩薩
住所：南国市十市3084
電話：088-865-8430
宿坊：なし

駐車場では新しい十一面観世音菩薩が出迎えてくれる。境内には奇岩が多く幽寂な雰囲気を漂わせている。

第33番札所

高福山《こうふくざん》 雪蹊寺 せっけいじ

延暦年間（782〜806）に弘法大師によって開基され、当時は松林山高福寺と称した真言宗の寺だった。鎌倉時代には慶運寺という寺名に改められるが、その後、荒廃した。廃寺となっていた寺を再興したのは戦国時代の土佐領主・長宗我部元親で、臨済宗から月峰和尚を招いて中興の祖とし、四国霊場のうち2ヶ寺しかない禅寺の一つとなる。元親の死後、元親の法号から寺名を高福山雪蹊寺と改め、今日にいたっている。

宗派：臨済宗妙心寺派
本尊：薬師如来
開基：弘法大師
住所：高知市長浜857-3
電話：088-837-2233
宿坊：なし

境内には旅の安全を守るとされる馬頭観音を祀った馬頭観音堂もあり、遍路の信仰が厚い。堂内の天上には天女絵が描かれている。

第34番札所

本尾山《もとおざん》 朱雀院《すざくいん》 種間寺 たねまじ

大阪・四天王寺の造営にあたった百済の技術者たちが帰途の航海中、暴風雨の難を逃れてこの地に近い港に寄港した。彼らは航海の安全を祈って薬師如来像を刻み、本尾山の山頂に祀った。その後、弘法大師がその薬師如来像を本尊として開基。そのときに五穀の種を境内に蒔いたことから、寺号を種間寺としたと伝えられる。

宗　派：真言宗豊山派
本　尊：薬師如来
開　基：弘法大師
住　所：高知市春野町秋山72
電　話：088-894-2234
宿　坊：なし

第35番札所

醫王山《いおうざん》 鏡池院《きょうちいん》 清瀧寺 きよたきじ

養老7（723）年、この地で霊気を感得した行基が薬師如来像を刻んで本尊とし、開山したのが始めと伝えられている。その後、弘仁年間（810〜824）のころに弘法大師がこの地を訪れ、岩上に壇を築いて7日間の修法をした。満願の日に金剛杖で壇を突くと、岩上から清水が湧き出したことから寺号を清瀧寺と改めたとされている。

宗派：真言宗豊山派
本尊：厄除薬師如来
開基：行基菩薩
住所：土佐市高岡町丁568-1
電話：088-852-0316
宿坊：なし

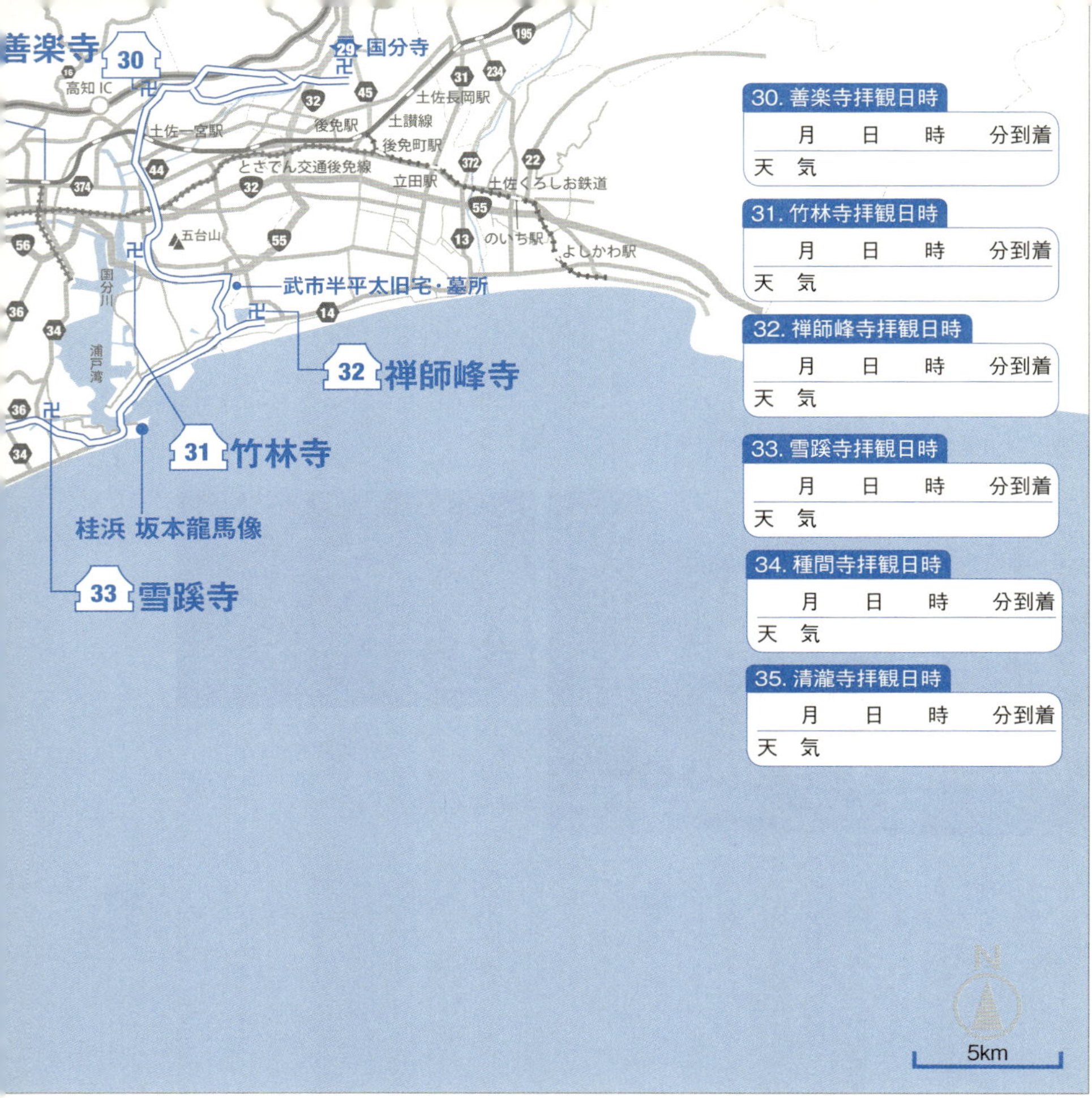

30. 善楽寺拝観日時
月　日　時　分到着
天　気

31. 竹林寺拝観日時
月　日　時　分到着
天　気

32. 禅師峰寺拝観日時
月　日　時　分到着
天　気

33. 雪蹊寺拝観日時
月　日　時　分到着
天　気

34. 種間寺拝観日時
月　日　時　分到着
天　気

35. 清瀧寺拝観日時
月　日　時　分到着
天　気

坂本龍馬も歩いたであろう遍路道を行く

第30番・善楽寺が立つ界隈は高知城へ約6km、JR高知駅まで約4kmという便利な場所で、往時は「神辺郷」といわれ、土佐では最も古くから栄えた場所だった。ここから第33番・雪蹊寺までは交通も至便で、歴史好きにはたまらない史跡も数多く残されている。寄り道をしながらゆっくりと歩きたい場合には、公共交通機関を利用して、移動時間を短縮するのもいいだろう。

第31番・竹林寺は「土佐の高知の播磨屋橋で坊さんかんざし買うを見た…」の一節で有名な『よさこい節』に唄われた修行僧の慶全と指導する立場にあった純信がいた寺で、学僧・名僧が集まる「南海第一道場」とされた学問寺院としても知られ、土佐随一の名刹ともいわれた。

第32番・禅師峰寺は土佐湾を見下ろす小高い峰山の山頂にあり、近くには

土佐勤王党を組織した武市半平太の生家と墓がある。

禅師峰寺から第33番・雪蹊寺までは土佐湾に沿った県道14号線を2時間あまり歩けばたどり着く。途中、坂本龍馬像が立っていることでも有名な桂浜の西側を通る。遍路道からは少し離れるが、坂本龍馬記念館もあるので足を延ばしてみるのもいいだろう。

◀◀◀ 運行情報

第30番札所 善楽寺
徒歩約2時間 約6.6km ← 車約30分 約10km
第31番札所 竹林寺
徒歩約1時間30分 約6km ← 車約20分 約8km
第32番札所 禅師峰寺
徒歩約2時間15分 約7.5km ← 車約30分 約11km
第33番札所 雪蹊寺
徒歩約1時間30分 約6.5km ← 車約20分 約8km
第34番札所 種間寺
徒歩約2時間45分 約9.8km ← 車約40分 約12km
第35番札所 清滝寺
徒歩約4時間30分 約14.5km ← 車約50分 約18km
第36番札所 青龍寺

※時間と距離は遍路道を歩いた場合の目安です。

月の名所として名高い桂浜と坂本龍馬像

「月の名所は桂浜」と『よさこい節』にも唄われている桂浜は、第32番・禅師峰寺から第33番・雪蹊寺へ行く途中にある。

桂浜公園には、桂浜水族館、とさいぬパークなど見どころも多く、高知県内でも人気が高い観光スポットの一つになっている。

裏山の浦戸城趾は戦国の昔、長宗我部元親の居城として四国統一の中心となったところで、龍馬台地には坂本龍馬像があり、全国から龍馬ファンが訪れる。この像は昭和3（1928）年に建立されたもので、高さは5・3m、台座を含めると13・5mと大きく、はるか太平洋の彼方を見据えている。

山頂には貴重な資料を展示し、龍馬の生涯を紹介する坂本龍馬記念館と国民宿舎桂浜荘がある。

横浪黒潮ラインと武市半平太像

第36番・青龍寺から第37番・岩本寺までは、浦ノ内湾を抱くように細長く伸びる横浪半島を縦走するスカイラインを経て、国道56号線を歩いていく。スカイラインは、南に太平洋、北に浦ノ内湾の美しい眺望が楽しめ、途中の展望地には、武市半平太の銅像がある。

須崎名物「鍋焼きラーメン」が味わえる

道の駅「かわうその里すさき」は、須崎市内の国道56号線に面して立っている。1階は高知の地酒やお菓子、海産物などが揃う特産店、2階はレストランになっていて、ご当地グルメの「鍋焼きラーメン」をはじめ、豊富なメニューが味わえる。

道の駅 かわうその里すさき
住所：須崎市下分甲263-3
電話：0889-40-0004
営業時間：特産店 9時～18時（4～10月の土日祝は19時まで）
レストラン 11時～19時（4～10月の土日祝は20時まで）
定休日：年中無休

水揚げされたばかりの鮮魚が食べられる人気の市場

第36番・青龍寺と第37番・岩本寺のほぼ中央に位置する中土佐町久礼という漁師町に、昔懐かしい雰囲気が残る「久礼大正町市場」という市場がある。40mほどのアーケードに鮮魚店などが並ぶ、町民の台所として愛されている商店街だが、週末や祝日には観光客も押し寄せる人気のスポットだ。

市場内には商店の軒先にトロ箱を並べ、その日に獲れた魚や干物を売る漁師の女将さんたちの姿がある。元々はこの露店から始まった市場で、今も行き交う買い物客とやりとりをする女将さんたちの元気な声が市場内に響いている。

この市場は買い物だけではなく、鮮魚や干物などが食べられる食堂もある。中でも人気なのが「田中鮮魚店」で、店頭に並んだ魚介の中から好きなものを選んで、向いにある食堂で食べることができる。

田中鮮魚店（久礼大正町市場内）
住所：高岡郡中土佐町久礼6382
電話：0889-52-2729
営業時間：9時～17時（4～10月の土日祝は19時まで）
定休日：第4火曜日（祝日の場合は前後の火曜日）

スケッチ欄▶▶▶

ひとくちメモ▶▶▶

俳句・短歌欄▶▶▶

写真・記念品などの添付欄▶▶▶

第36番札所

独鈷山《とっこうざん》 伊舎那院《いしゃないん》

青龍寺 しょうりゅうじ

長安の青龍寺で密教を学び、恵果阿闍梨《けいかあじゃり》から真言の秘法を授かった弘法大師は、その恩に報いるため日本に寺院を建立しようと、東の空に向かって独《とっ》鈷杵《こしょ》を投げた。弘仁6（815）年、帰国した大師は独鈷杵がこの地にあると感得し、堂宇を建て、石造の不動明王像を安置した。寺号は恩師にちなんで青龍寺としたと伝えられる。

宗派：真言宗豊山派
本尊：波切不動明王
開基：弘法大師
住所：土佐市宇佐町竜163
電話：088-856-3010
宿坊：なし

第37番札所

藤井山《ふじいさん》 五智院《ごちいん》

岩本寺 いわもとじ

行基が開基した仁井田明神の別当寺・福圓満寺が前身とされる。弘仁年間（810〜824）に弘法大師が仁井田明神のご神体を5つの社に分け、加えて5寺を建立し、札所と定めた。明治になると神仏分離の政策で仁井田5社と分離され、5尊の本地仏と札所がこの地域の神社を管掌下においていた岩本寺に統一され、現在にいたっている。

宗派：真言宗智山派
本尊：不動明王　観世音菩薩　阿弥陀如来　薬師如来　地蔵菩薩
開基：行基菩薩（寺伝）
住所：高岡郡四万十町茂串町3-13
電話：0880-22-0376
宿坊：あり（要予約）

第38番札所

蹉跎山《さださん》 補陀洛院《ふだらくいん》

金剛福寺 こんごうふくじ

四国の最南端、足摺岬の先に広がる太平洋の大海原に観世音菩薩の理想の聖地・補陀落の世界を感得した弘法大師は、嵯峨天皇（在位809〜823）に奏上。弘仁13（822）年、勅願により伽藍を建立し、自ら刻んだ三面千手観音像を安置して開創したと伝えられる。37番札所からは94kmと最長距離で、まさに「修行の道場」といえる。

宗派：真言宗豊山派
本尊：三面千手観世音菩薩
開基：弘法大師
住所：土佐清水市足摺岬214-1
電話：0880-88-0038
宿坊：あり（要予約）

第39番札所

赤亀山《しゃっきざん》 寺山院《じさんいん》

延光寺 えんこうじ

聖武天皇（在位724〜749）の勅命で、行基が薬師如来像を刻み、これを本尊として開創したとされる。本尊の胎内には行基が感得したという仏舎利を秘蔵したと伝えられている。延暦年間（782〜806）に弘法大師が、桓武天皇（在位781〜806）の勅願所として、日光・月光菩薩像を安置し、霊場に定めて再興した。

宗派：真言宗智山派
本尊：薬師如来
開基：行基菩薩
住所：宿毛市平田町中山390
電話：0880-66-0225
宿坊：なし

真念庵から金剛福寺までは７里（28km）あり、往時は荷物置き場や善根宿として利用されていた。上り口には石柱が設置されている。道路から少し上った山の中にあり、庵の前には八十八体の石仏が並んでいる。

コラム ⑥

高知最大の難所ともいわれる場所に建てられた「真念庵」

貞享4（1687）年に書かれた『四国邊路道指南《しこくへんろみちしるべ》』という書物がある。お遍路たちのために書かれたガイドブックで、第1番から第88番まですべての霊場の所在地や本尊などの情報、次の札所までの道順や距離が事細かに書かれ、寄り道をする人のことも考えて名所旧跡など、さまざまなことが記載されている。

このお遍路さん必携の案内書を著わしたのは宥辨真念《ゆうべんしんねん》という僧で、自身も20回以上、遍路を巡った修行僧である。

真念は、遍路たちの困る姿に触れ、案内書を著わすだけでなく、迷いそうな場所や難所などに「標石《しるしいし》」という道標を２００基以上立てている。そんな行いから「お遍路の父」とも称されている。標石は道路工事などで多くが失われているが、現在でも34基が残っている。

また、人家の途絶えている山間に庵を結び、遍路たちの善根宿や拠り所とした。その「真念庵」が今でも土佐清水市の市野瀬地区に残っている。本尊は地蔵菩薩で、四国八十八ヶ所霊場番外札所だが、現在は宿泊はできない。

四国霊場の中でも札所間の距離が最も長い第37番札所・岩本寺と第38番札所・金剛福寺の途中で、かつ、金剛福寺を打ち戻って高知県最後の札所となる第39番・延光寺に向かう中間に位置し、遍路たちは一度、真念庵に立ち寄り、荷物を置いて金剛福寺に参り、戻って延光寺を目指したという。

庵の前には、明治時代初期の庵主であった法印実道が浄財を集めて建立した88体の石仏が並んでいる。

石仏を刻んだ石は、地元民が集落の北にある山から切り出したものである。

現在、真念庵の納経はふもとの集落にある民家で受けることができる。

清瀧寺
35
西佐川駅
佐川駅
23
須崎東 IC
197
197
横浪黒潮ライン
47
高知自動車道
36
青龍寺
武市半平太像
中土佐 IC
土佐久礼駅
土讃線
道の駅 あぐり窪川
四万十町東 IC
六反地駅
439
岩本寺
37
仁井田駅
四万十町中央 IC
381
風流茶房 淳
窪川駅
若井駅
予土線
土佐大正駅
土佐昭和駅
381
打井川駅
家地川駅
土佐佐賀温泉 こぶしのさと
荷稲駅
道の駅 なぶら土佐佐賀
伊与喜駅
439
土佐佐賀駅
佐賀公園駅
土佐白浜駅
441
56
西大方駅
中村駅
道の駅 ビオスおおがた
国見駅
具同駅
42
四万十川
46
346
番外霊場 真念庵
21
321
27
38
金剛福寺
足摺岬
5km

四国霊場の札所間では最長距離の難所を歩く

第36番・青龍寺から「修行の道場」最後の霊場となる第39番・延光寺までは札所間の距離が長い難所で、第37番・岩本寺から第38番・金剛福寺までは約87㎞と四国八十八ヶ所の中で最長の距離がある。

青龍寺から岩本寺へ行くには横浪半島を縦走するスカイラインを経て、国道56号線へ出るか、宇佐大橋まで戻って浦ノ内湾に沿った県道23号線を経由して国道56号線へ出る2つのルートがある。遍路道は県道23号線経由になっているが、車を利用する場合は爽快なドライブコースのスカイラインを走ったほうが快適だ。

金剛福寺は四国の最南端の足摺岬を見下ろす丘の中腹にあり、中世には、ここ足摺岬からも小船に乗って南方の彼方にある観音菩薩の住まう浄土を目指す補陀落渡海《ふだらとかい》が行われたと伝えられている。補陀落渡海は入水往生を遂げて観音浄土に生まれ変わる壮絶な捨身《しゃしん》行だが、ここにたどり着く遍路の旅もまた壮絶を極めたに違いない。いまは岩本寺から車で約2時間あまりだが、歩いたら3泊4日はかかり、まさに修行の道場である。計画通りに進めなくても、無理をせず、予定を変更する柔軟さも大切だ。

運行情報

第36番札所 青龍寺
徒歩約16時間 約58㎞ ⬅ 車約1時間30分 約58㎞
第37番札所 岩本寺
徒歩約27時間 約87㎞ ⬅ 車約2時間30分 約89㎞
第38番札所 金剛福寺
徒歩約15時間30分 約56㎞ ⬅ 車約2時間 約73㎞
第39番札所 延光寺
徒歩約8時間 約30㎞ ⬅ 車約40分 約30㎞
第40番札所 観自在寺

※時間と距離は遍路道を歩いた場合の目安です。

36. 青龍寺拝観日時
月　日　時　分到着
天　気

37. 岩本寺拝観日時
月　日　時　分到着
天　気

38. 金剛福寺拝観日時
月　日　時　分到着
天　気

39. 延光寺拝観日時
月　日　時　分到着
天　気

四万十町の山・川・海の食材を使ったメニューが勢揃い

道の駅「あぐり窪川」は、四万十町にある岩本寺の少し手前の国道56号線沿いにある。名前の「あぐり」は農業を意味し、農業や畜産がさかんな地域で、窪川ポーク（米豚）を使用した食事メニューが人気。

道の駅 あぐり窪川
住所：高岡郡四万十町平串284-1
電話：0880-22-8848
営業時間：8時〜20時（店舗により異なる）10〜3月は8時〜19時
定休日：奇数月第3水曜日・3月のみ末日

ジャズが流れる昔懐かしい空間

岩本寺の山門から50mほどの門前に、蔦の絡まる魅力的な家がある。「風流茶房 淳」という喫茶店で、店内には昔懐かしい空間が広がり、静かにジャズが流れている。居心地がよく、落ちつく店内で飲む珈琲の味は格別で、疲れた身体と心がほぐされる。

風流茶房 淳
住所：高岡郡四万十町茂串町6-6
電話：0880-22-0080
営業時間：8時〜19時
定休日：火曜日

藁焼きカツオのたたきが評判のカツオの町の道の駅

高知県を代表するグルメといえばカツオのたたきで、県内のいたるところで美味しいたたきが食べられる。中でも黒潮町佐賀はカツオの水揚げ地として知られるエリアで、道の駅「なぶら土佐佐賀」では、人気店「明神丸」の藁焼カツオが食べられる。

道の駅 なぶら土佐佐賀
住所：幡多郡黒潮町佐賀1350
電話：0880-55-3325
営業時間：9時〜18時（フードコート）
8時〜18時（直販所）
定休日：第3火曜日 1月、9月は第3月・火（祝日は営業）

トロッとした温泉が旅の疲れを癒してくれる

岩本寺から国道56号線を約12kmほど歩いた所に、「土佐佐賀温泉こぶしのさと」はある。日帰り入浴や食事ができる温泉宿で、遍路の宿としても知られている。

お湯は良質な単純硫黄温泉で、大浴場、露天風呂、サウナなどの設備が整っている。宿泊は「おへんろプラン」をはじめ、旬の食材を使った皿鉢料理などが堪能できるプランまで、予算に合わせて選ぶことができる。

天然温泉が旅の疲れをほぐしてくれる。

温泉につかって旅の疲れを癒した後は、旬の食材を使った料理を楽しんだり、宿泊してゆっくりと身体を休めることもできる。

土佐佐賀温泉 こぶしのさと
住所：幡多郡黒潮町拳ノ川2161
電話：0880-55-7011
営業時間:11時～21時(札止めは20時30分)
定休日：年中無休
料金：大人600円

カツオたたきバーガーや地元獲れの鮮魚が楽しめる

土佐西南大規模公園内の景勝地「入野松原」を眺望できる場所に、「道の駅ビオスおおがた」はある。食事処が入った物産館と情報館があり、「ひなたや食堂」では、かまど炊きのご飯とともに地元獲れの魚料理が食べられたり、ワンハンドフードの「カツオたたきバーガー」や「カツオたたきカツバーガー」などが味わえる。

道の駅 ビオスおおがた
住所：幡多郡黒潮町浮鞭953-1
電話：0880-43-3113
営業時間：7時～19時
定休日：年中無休

スケッチ欄▶▶▶

ひとくちメモ▶▶▶

俳句・短歌欄▶▶▶

写真・記念品などの添付欄▶▶▶

[伊予の国 愛媛県]

菩提の道場 26カ寺

遍路の旅は土佐から伊予へとつづき、海から山間を抜け、おだやかな瀬戸内海へ通じるルートをたどる。札所も折り返しとなり、修行の道場に比して心癒される菩提《ぼだい》の道場と呼ばれるが、結願までの道のりはまだ遠い。気をゆるめずにマイペースを保って巡りたい。

第40番 札所

平城山《へいじょうざん》 薬師院《やくしいん》

観自在寺《かんじざいじ》

大同2（807）年、平城天皇（在位806〜809）の勅命を受けてこの地を訪れた弘法大師が、1本の霊木から本尊の薬師如来と脇侍の阿弥陀如来、十一面観音菩薩の三尊像を刻んで安置し、開創したとされている。愛媛県の最初の霊場で、第1番・霊山寺からもっとも遠くにあることから、「四国霊場の裏関所」とも呼ばれている。

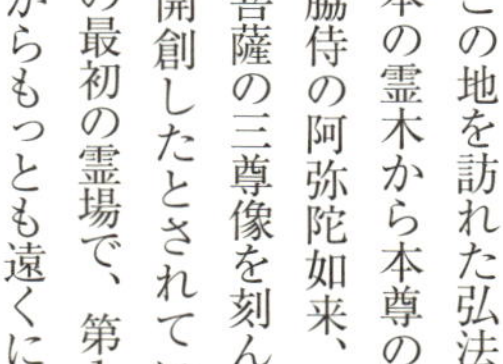

宗派：真言宗大覚寺派
本尊：薬師如来
開基：弘法大師
住所：南宇和郡愛南町御荘平城2253-1
電話：0895-72-0416
宿坊：あり（40人・要予約）

第41番 札所

稲荷山《いなりざん》 護国院《ごこくいん》

龍光寺《りゅうこうじ》

大同2（807）年、この地を訪れた弘法大師の前に稲束を背負った老翁が現れ、「われこの地に住み、法教を守護し、諸民を利益せん」と告げて、忽然と姿を消した。大師は、老人が五穀大明神の化身だと悟り、稲荷明神像を刻み、堂宇を建てて安置した。このとき、本地仏とする十一面観世音菩薩も一緒に安置し、開基したと伝えられる。

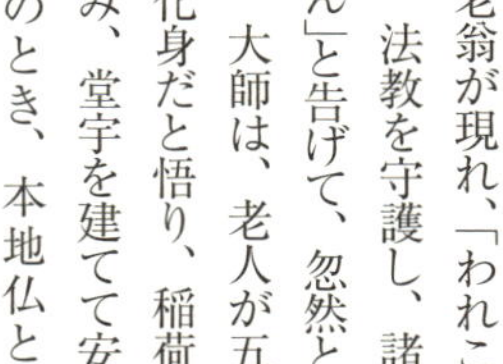

宗派：真言宗御室派
本尊：十一面観世音菩薩
開基：弘法大師
住所：宇和島市三間町戸雁173
電話：0895-58-2186
宿坊：なし

第42番札所

一𤥭山《いっかさん》 毘盧舎那院《びるしゃないん》 仏木寺 ぶつもくじ

大同2(807)年、この地で弘法大師は牛を引く老人と出会った。誘われるまま牛の背中に乗って行くと、楠の梢で光り輝いている宝珠《ほうじゅ》を目にした。それは、唐から帰国するとき、有縁の地が選ばれるように三鈷とともに東方へ投げた宝珠だった。大師はこの地が霊地であると感得し、大日如来像を刻んで本尊とし、開基したと伝えられる。

宗派:真言宗御室派
本尊:大日如来(伝弘法大師作)
開基:弘法大師
住所:宇和島市三間町則1683
電話:0895-58-2216
宿坊:なし

第44番札所

菅生山《すごうざん》 大覚院《だいかくいん》 大宝寺 だいほうじ

大宝元(701)年、百済《くだら》から来た聖僧が山中に安置していた十一面観音像を、明神右京、隼人という兄弟の狩人が見つけ、草庵を結んで祀った。この奏上を聞いた文武天皇(在位697~707)の勅願により寺院が建立された。弘仁13(822)年に弘法大師が四国霊場の「中札所」と定め、天台宗だった宗派を真言宗に改めたと伝えられる。

宗派:真言宗豊山派
本尊:十一面観世音菩薩
開基:明神右京・隼人
住所:上浮穴郡久万高原町菅生1173
電話:0892-21-0044
宿坊:あり(150人・要予約)

第43番札所

源光山《げんこうざん》 円手院《えんじゅいん》 明石寺 めいせきじ

欽明天皇(在位539~571)の勅願により、円手院正澄という行者が開基。天平6(734)年に寿元という行者が熊野から12社権現を勧請し、12坊を建てて修験道場とした。その後、弘仁13(822)年にこの地を訪れた弘法大師が、荒廃した伽藍を見て嵯峨天皇(在位809~823)に奏上。勅命を受けて再興し、霊場に定めた。

宗派:天台寺門宗
本尊:千手観世音菩薩
開基:円手院上人
住所:西予市宇和町明石201
電話:0894-62-0032
宿坊:なし

第45番札所

海岸山《かいがんざん》 岩屋寺 いわやじ

当地は昔から修験者が修行の場としていた霊地で、弘仁6(815)年にこの地を訪れた弘法大師は、空中を自在に飛行できる神通力を身につけた法華仙人に出会った。仙人は大師に帰依し、全山を献上して往生を遂げた。大師は木と石の不動明王像を刻み、木像は本尊として本堂に安置して開基。石像は岩窟に祀り、全山を本尊とした。

宗派:真言宗豊山派
本尊:不動明王
開基:弘法大師
住所:上浮穴郡久万高原町七鳥1468
電話:0892-57-0417
宿坊:なし

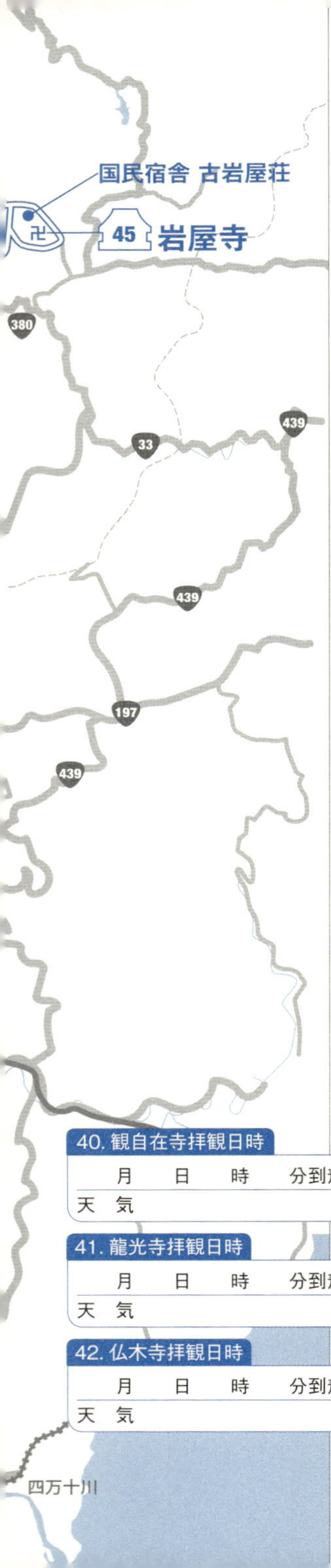

「菩提の道場」に入っても修行の旅はまだまだつづく

巡礼の旅は、第40番・観自在寺から伊予へと至り、発心、修行を経て、「菩提の道場」に入る。菩提とはいっさいの煩悩を断ち切り、極楽浄土へと至る悟りの意味である。観自在寺は第1番・霊山寺からはもっとも遠く、「四国霊場の裏関所」とも呼ばれる札所で、修行の旅はまだまだつづく。

第41番・龍光寺は、伊達家十万石の城下町である宇和島の市街地から北東に10kmほど離れた三間平野にあり、観自在寺からは約50kmの距離がある。健脚であれば1日で歩けるが、無理は禁物。歩けそうにない場合は、途中でバス便などを利用するといいだろう

龍光寺から第42番・仏木寺までは、アスファルトの道を約1時間。つづく第43番・明石寺までは歯《は》長《なが》峠を越えて約11km、3～4時間ほどでたどり着ける。明石寺から第44番・大宝寺までは約75kmとかなりの距離がある。車だと2時間ほどで到着するが、歩きの場合は22時間ほどかかる。途中に通る大洲市か内子町にある宿泊施設を予約しておくといいだろう。

大宝寺から第45番・岩屋寺までは遍路道とアスファルト道を歩いて3時間足らずだが、山門から本堂までは220余段のきつい石段がつづいている。

◀◀◀運行情報

第40番札所 観自在寺
徒歩約14時間 約50km ⬅ 車約1時間30分 約50km
第41番札所 龍光寺
徒歩約1時間 約4km ⬅ 車約8分 約4km
第42番札所 仏木寺
徒歩約3時間30分 約11km ⬅ 車約30分 約16km
第43番札所 明石寺
徒歩約22時間 約75km ⬅ 車約2時間 約78km
第44番札所 大宝寺
徒歩約3時間 約10km ⬅ 車約20分 約13km
第45番札所 岩屋寺
徒歩約7時間 約27km ⬅ 車約1時間 約35km
第46番札所 浄瑠璃寺

※時間と距離は遍路道を歩いた場合の目安です。

40. 観自在寺拝観日時
月 日 時 分到着
天 気

41. 龍光寺拝観日時
月 日 時 分到着
天 気

42. 仏木寺拝観日時
月 日 時 分到着
天 気

43. 明石寺拝観日時
月　日　時　分到着
天　気

44. 大宝寺拝観日時
月　日　時　分到着
天　気

45. 岩屋寺拝観日時
月　日　時　分到着
天　気

グルメと温泉が楽しめる心がやすらぐ道の駅

県道4号と国道56号、宇和島道路・津島高田インターチェンジが近接する場所に、道の駅「津島やすらぎの里」はある。物産館や日帰り温泉、レストランなどの施設があり、無料の足湯もある。食事は、太刀魚の唐揚げがのった「たちから丼」や特製チャンポンが人気。

道の駅 津島やすらぎの里
住所：宇和島市津島町高田甲830-1
電話：0895-20-8181
営業時間：10時～22時（札止めは21時30分）
定休日：毎月第1・3月曜日（祝日の場合は翌日）特産品販売所のみ年中無休
料金：大人650円

美術館や記念館などが併設された道の駅

松山自動車道の三間インターチェンジを下りてすぐ、第42番・仏木寺に向かう道路沿いに道の駅「みま」はある。施設内には宇和島名物のじゃこ天などを販売する安岡蒲鉾の直営店やレストランがあり、魚の旨味が詰まった練り製品や「じゃこ天うどん」などが味わえる。

道の駅 みま
住所：宇和島市三間町務田180-1
電話：0895-58-1122
営業時間：9時～18時
9時～17時（レストラン）
定休日：年中無休（12月31日～1月2日は休業）第1火曜日（祝日の場合は翌日レストラン）

宇和海の新鮮な海の幸を盛った海鮮丼が人気

松山自動車道の西予宇和インターチェンジのすぐそばに、道の駅「どんぶり館」はある。旬の野菜が並ぶ「青空市場」や特産品売り場、レストランなどがあり、食事メニューは「どんぶり館」の名のとおり丼物が充実している。中でも宇和海で獲れた新鮮な魚が味わえる海鮮丼が一番人気。

道の駅 どんぶり館
住所：西予市宇和町稲生118
電話：0894-62-5778
営業時間：8時～18時
定休日：年中無休（1月1日・2日は休業）

阿波の国(徳島県)発心の道場
土佐の国(高知県)修行の道場
伊予の国(愛媛県)菩薩の道場
讃岐の国(香川県)涅槃の道場

本格料理から軽食まで豊富なメニューが楽しめる

道の駅「内子フレッシュパークからり」は内子町にあり、休憩のためのパーキングとしてはもちろん、内子を紹介する情報交流の場、また、人々をつなぐふれあいの場としてにぎわっている。レストランや燻製工房、パン工房など施設も充実している。手軽に食べられるたこ焼きや大判焼きが美味しい。

道の駅 内子フレッシュパークからり
住所：内子町内子2452
電話：0893-43-1122
営業時間：8時～18時(3月16日～10月31日)
8時～17時(11月1日～3月15日)
(店舗により異なる)
定休日：年中無休(1月1～3日は休業)

木のぬくもりと山の四季が感じられる高原の道の駅

久万高原町の国道33号線沿いに道の駅「天空の郷さんさん」はある。林業の町ならではの木の温もりに包まれた空間で、みずみずしい高原野菜を使った料理が堪能できる。また、軽食コーナーもあり、野原に自生するよもぎを使った「焼きもち」や「よもぎうどん」が食べられる。

道の駅 天空の郷 さんさん
住所：上浮穴郡久万高原町入野1855-6
電話：0892-21-3400(物産館)
営業時間：9時～17時（施設・季節により異なる）
定休日：年中無休(1月1日は休業)

日帰り入浴もできる岩屋寺至近の国民宿舎

岩屋寺参道入り口から歩いて30分足らずの場所に温泉が湧く「国民宿舎古岩屋荘」はある。日帰り入浴も可能で、自然石を使ったダイナミックな天然岩風呂で、心も身体もゆったりできる。宿泊は素泊まりと1泊2食付があり、予算に合わせて食事内容を選ぶことができる。

国民宿舎 古岩屋荘
住所：上浮穴郡久万高原町直瀬乙1636
電話：0892-41-0431
営業時間：12時～22時(日帰り入浴)
定休日：年中無休
料金：大人400円

スケッチ欄▶▶▶

ひとくちメモ▶▶▶

俳句・短歌欄▶▶▶

写真・記念品などの添付欄▶▶▶

第46番札所

医王山《いおうざん》 養珠院《ようじゅいん》 浄瑠璃寺 じょうるりじ

松山市内8ヶ寺最初の霊場。「逆打ち」で弘法大師に出会うことができたという伝説の衛門三郎（P35コラム参照）の故郷として知られ、正岡子規が詠んだ「永き日や衛門三郎浄るり寺」の句碑がある。和銅元（708）年、奈良の大仏開眼の前に行基が伽藍を建立、その後、大同2（807）年に弘法大師が荒廃していた寺を再興したといわれる。

宗派：真言宗豊山派
本尊：薬師如来
開基：行基菩薩
住所：松山市浄瑠璃町282
電話：089-963-0279
宿坊：なし

第48番札所

清滝山《せいりゅうざん》 安養院《あんよういん》 西林寺 さいりんじ

天平13（741）年に聖武天皇（在位724～749）の勅願で行基が徳威の里（松山市小野播磨塚辺り）に十一面観音を刻んで本尊としたのが始まり。後に空海が現在の場所に移して伽藍を再興。村人のために大師が錫杖を突いて水脈を見つけ土地を潤したという。寺の西南300mの「杖の淵」は今も清水が湧き、名水百選にも選ばれた。

宗派：真言宗豊山派
本尊：十一面観世音菩薩
開基：行基菩薩
住所：松山市高井町1007
電話：089-975-0319
宿坊：なし

第47番札所

熊野山《くまのざん》 妙見院《みょうけんいん》 八坂寺 やさかじ

修験道の開祖・役小角《えんのおづぬ》が開基と伝えられる古刹。飛鳥時代に文武天皇（在位697～707）の勅願により伊予の国司、越智《おち》（河野）玉興《たまおき》が堂塔を建立した。寺は山の中腹にあり、八つの坂道を切り開いて創建したことから八坂寺としたという。八坂寺から徒歩15分の所に衛門三郎の屋敷跡といわれる文殊院（P87コラム）がある。

宗派：真言宗醍醐派
本尊：阿弥陀如来
開基：役行者小角
住所：松山市浄瑠璃町八坂773
電話：089-963-0271
宿坊：なし

第49番札所

西林山《さいりんざん》 三蔵院《さんぞういん》 浄土寺 じょうどじ

平安時代中期に孝謙天皇（在位749～758）の勅願で、恵《え》明上人《みょうしょうにん》により開創。その後弘法大師が真言宗に改宗。天徳年間（957～961年）の3年間、「南無阿弥陀仏」の念仏が小さな仏となって口から出たという空也上人が滞在。空也自ら彫ったという空也上人像（国重要文化財）が安置され、寺入口に子規の句碑「霜月の空也《くうや》は骨に生きにける」がある。

宗派：真言宗豊山派
本尊：釈迦如来
開基：恵明上人
住所：松山市鷹子町1198
電話：089-975-1730
宿坊：なし

第50番 札所

東山《ひがしやま》 瑠璃光院《るりこういん》 繁多寺 はんたじ

孝謙天皇（在位749〜758）の勅願により、行基が彫造した薬師如来を安置したのが始まり。「光明寺」という名前だったが、弘法大師が青年期に「繁多寺」と改めた。時宗の開祖・一遍《いっぺん》上人が太宰府から伊予に帰郷した際に修行し、晩年には亡父・如仏所蔵の『浄土三部経』を奉納した。弘安2（1279）年には聞月上人《もんげつ》が蒙古軍の撃退を祈祷した。

宗派：真言宗豊山派
本尊：薬師如来
開基：行基菩薩
住所：松山市畑寺町32
電話：089-975-0910
宿坊：なし

コラム ⑦

遍路の元祖・衛門三郎の邸宅跡の文殊院

天長元（824）年、訪れた托鉢僧を竹箒で追い払ってしまうが、その托鉢僧が弘法大師だったことに気づいて後を追って遍路を始めたものの大師に会うことができず、21回目に逆に回って、ついに弘法大師が現れ、罪を許されたという遍路の元祖・衛門三郎の邸宅跡といわれる。四国別格二十霊場9番の文殊院。八坂寺に近いのでぜひ立ち寄ってみたい場所だ。住所：松山市恵原町308

第51番 札所

熊野山《くまのざん》 虚空蔵院《こくうぞういん》 石手寺 いしてじ

神亀5（728）年に伊予の豪族、越智（河野）玉純《たますみ》が熊野12社権現を祀ったのを機に鎮護国家の道場を建立。聖武天皇（在位724〜749）の勅願所となり、翌年の天平元（729）年に行基が彫造した薬師如来像を本尊に法相宗《ほっそうしゅう》の「安養寺」として開基。寛平4（892）年に、領主の河野家に衛門三郎の生まれ変わりを示す石を左手に持った子が生まれ「石手寺」と改称されたという。

名湯・道後温泉に近いため、遍路の巡拝者よりも観光客が多く参詣する。国宝の仁王門、重要文化財の本堂、三重塔、鐘楼、五輪塔、訶梨帝母天堂、護摩堂をはじめ大部分の堂塔が文化財であり、寺宝が常時展示されている宝物館もある。四国霊場中で随一ともいえる文化財を有する名刹。

宗派：真言宗豊山派
本尊：薬師如来
開基：行基菩薩
住所：松山市石手2-9-21
電話：089-977-0870
宿坊：なし

国宝の仁王門。

46. 浄瑠璃寺拝観日時			
月	日	時	分到着
天気			

47. 八坂寺拝観日時			
月	日	時	分到着
天気			

48. 西林寺拝観日時			
月	日	時	分到着
天気			

のどかな田園風景を経て、松山市内の住宅街の道を行く

第45番・岩屋寺から約27km。山道を途中の難所三坂峠から国道33号線を下ってくると第46番・浄瑠璃寺。ここからは、松山市に入り、札所間の距離もぐっと近くなり、比較的平坦な町中の道になる。

浄瑠璃寺から第47番・八坂寺までは至近距離の約1km、田園風景を眺めながら行くのどかな道だ。衛門三郎ゆかりの文殊院（四国別格霊場第9番札所）も近い。

第48番・西林寺は伊予の関所寺。県道207号線を北上して重信川に架かる久谷大橋を渡り松山自動車道の高架下をくぐると右手にある。

次の第49番札所浄土寺までも北へ約3km、住宅街の細い道を歩いていくと仁王門に着く。この付近は「空也谷」と呼ばれ、空也上人が3年間とどまったといわれ、口から仏が出ている京都の六波羅蜜寺のものと同様の空也像が安置されている。

浄土寺からさらに北へ2km行き、ゆるやかな坂道の上に第50番・繁多寺がある。ここまでくると松山の中心街も近く、松山城や市街が見渡せる。さらに北へ3km、県道40号に出て石手川を渡ると、愛媛県の札所中でも最も参拝客が多い大寺である石手寺に到着する。

◀◀◀運行情報

第46番札所 浄瑠璃寺
徒歩約15分 約1km ⬅ 車約5分 約1km
第47番札所 八坂寺
徒歩約1時間15分 約4.5km ⬅ 車約15分 約5km
第48番札所 西林寺
徒歩約45分 約3.5km ⬅ 車約10分 約3.5km
第49番札所 浄土寺
徒歩約30分 約2km ⬅ 車約5分 約2.5km
第50番札所 繁多寺
徒歩約45分 約3km ⬅ 車約5分 約3km
第51番札所 石手寺
徒歩約2時間45分 約11km ⬅ 車約30分 12km
第52番札所 太山寺

※時間と距離は遍路道を歩いた場合の目安です。

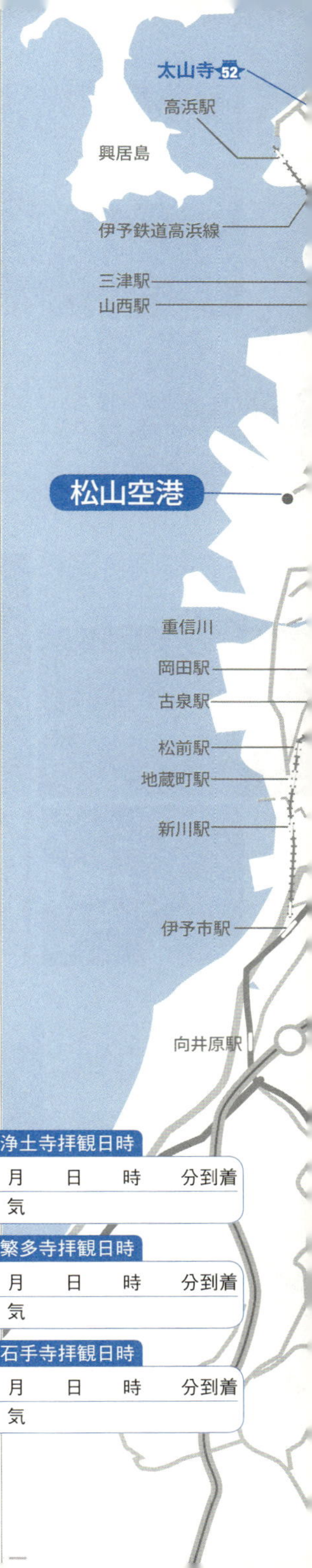

49. 浄土寺拝観日時
月　日　時　分到着
天気

50. 繁多寺拝観日時
月　日　時　分到着
天気

51. 石手寺拝観日時
月　日　時　分到着
天気

松山のシンボル・松山城
日本最古の名湯・道後温泉

松山市内に入るとまず目に飛び込んでくるのが、街の中心にある城山（勝山）の上に聳える松山城だ。加藤嘉明が慶長7（1602）年から四半世紀をかけて築城。幕末の安政元（1854）年に再建された天守閣をはじめ櫓、城門などじつに21棟の建築が重要文化財になっている。遍路の旅は、第46番札所浄瑠璃寺から松山市内に入ってくるが、第51番札所石手寺に参拝したら、旅の疲れを癒やすべく天下の名湯・道後温泉へ。万葉集に歌われ、夏目漱石『坊っちゃん』にも登場する日本最古の温泉。風格ある本館は、明治27（1894）年竣工で、皇室専用浴場もある国の重要文化財だが、現役の公衆浴場。「ミシュラン」三ツ星評価で、一生に一度は訪れたい場所だ。

松山城
現存する全国12の天守の中でもっとも新しく最後の完全な城郭建築といわれる。お城の周りには県庁や大学があり、それらを取り巻くように路面電車（伊予鉄道）が走る。

道後温泉本館
住所：松山市道後湯之町5-6
電話：089-921-5141
営業時間：午後6時～10時（札止めは午後9時）
定休日：年中無休（年１回大掃除日あり）
料金：410円、2階休憩室利用840円

文学と俳句の街・松山
子規・山頭火ゆかりの地

松山は近代俳句の祖・正岡子規の出身地で、高浜虚子、河東《かわひがし》碧梧桐《へきごとう》ら門下の俳人を数多く輩出。秋山兄弟と子規ら明治の群像を描いた司馬遼太郎の『坂の上の雲ミュージアム』も。子規、山頭火の庵など文学の町を歩こう。

子規堂
正岡子規が17歳まで過ごした家を正宗寺境内に復元。
住所：松山市末広町16-3
電話：089-945-0400
入館料：50円

一草庵
全国を放浪した自由律俳句の種田山頭火の終焉の地。
住所：松山市御幸1丁目435-1
電話：089-948-6891
（松山市文化財課）

子規・漱石が愛した松山の郷土料理「松山鮓」

子規と交友が深かった夏目漱石は松山中学で教鞭をとり松山を舞台にした『坊っちゃん』を執筆したことで知られるが、漱石が初めて松山の子規のもとを訪ねたとき、子規の母親が振る舞ったのが松山鮓《ずし》だった。松山地方では古くから祝い事や来客をもてなすときに各家庭でつくられてきた郷土料理だ。

松山鮓　瀬戸の小魚でダシをとった甘めの酢飯に、刻んだアナゴや季節の野菜、魚を盛りつけている。

松山鮓セット　「すし丸本店」(大街道)のお昼限定の松山鮓と五色素麺のセット「松山鮓セット」1,400円(税込1,512円)。

五色素麺　江戸時代から続く伊予名物の五色素麺。卵、抹茶、そば粉、梅肉など天然の素材で色づけられた五色の素麺。

子規は松山鮓のことを何度も俳句に詠んでおり、漱石もその後松山に教師として赴任した時にも、まず松山鮓を所望したという。

市内の日本料理店や寿司店でも、鯛めしなどと並ぶ人気メニューになっている。

すし丸本店
住所：松山市二番町2丁目3-2
電話：089-941-0447(代)
営業時間：平日11時～14時、16時半～22時半(L.O.22時)
土日祝11時～22時半(L.O22時)
定休日：無休

瀬戸内海の幸を堪能する鯛、穴子、蛸の松山グルメ

瀬戸内海に面した松山は、新鮮な鯛、蛸、穴子などの海産物を使った料理がたくさんある。鯛を丸ごと一匹釜に入れ、ご飯と一緒に炊き込んだ「鯛めし」が有名だが、蛸を炊き込んだ「たこめし」、タレを付けて焼いた穴子をご飯にのせた「あなごめし」、さらに素麺に焼いた鯛をのせていただく「鯛そうめん」なども絶品の味。市内のたいていの店で提供されている。

鯛そうめん　素麺の上に鯛の姿煮と多彩な具材が一つの皿に盛られる。瀬戸内地方ではおなじみのハレの日の料理

スケッチ欄▶▶▶

ひとくちメモ▶▶▶

俳句・短歌欄▶▶▶

写真・記念品などの添付欄▶▶▶

第52番札所 瀧雲山《りゅううんざん》 護持院《ごじいん》 太山寺 たいさんじ

豊後（大分）の富豪・真野長者が、用明2（587）年に大阪に向かう途中暴風雨に遭い、観音様に救われたことに感謝し一夜で建てたという。天平11（739）年に聖武天皇の命で行基彫造の十一面観音像の胎内に真野長者が見つけた小観音を納めた。本堂は県下最大の木造建築で国宝。後冷泉天皇から6代の天皇が十一面観音像を奉納。

宗派：真言宗智山派
本尊：十一面観世音菩薩
開基：真野長者
住所：松山市太山寺町1730
電話：089-978-0329
宿坊：なし

第53番札所 須賀山《すがさん》 正智院《しょうちいん》 円明寺 えんみょうじ

聖武天皇の勅願で行基が阿弥陀如来像と脇侍の観世音菩薩像、勢至菩薩像を彫造したと伝わる。その後荒廃した寺を弘法大師が再興したが、度重なる兵火で衰微、須賀重久によって現在の地に移され、寛永13（1636）年に京都の仁和寺の直末として再建。江戸時代に隠れキリシタンが建てた聖母マリア像を浮き彫りにしたキリシタン灯籠がある。

宗派：真言宗智山派
本尊：阿弥陀如来
開基：行基菩薩
住所：松山市和気町1-182
電話：089-978-1129
宿坊：なし

第54番札所 近見山《ちかみざん》 宝鐘院《ほうしょういん》 延命寺 えんめいじ

養老4（720）年に行基が不動明王を刻み開基。弘仁年間（810～824）に空海が嵯峨天皇の勅命で再興し不動院圓明寺とした。再三の戦火で移転を繰り返し、かつては近見山の山頂にあったが、享保12（1727）年に現在のふもとに移転。明治時代に53番札所の圓明寺との混同を避け延命寺に改称した。

宗派：真言宗豊山派
本尊：不動明王
開基：行基菩薩
住所：今治市阿方甲636
電話：0898-22-5696
宿坊：なし

第55番札所 別宮山《べっくさん》 金剛院《こんごういん》 南光坊 なんこうぼう

今治沖・大三島の大山祇《おおやまづみ》神社の別宮として創始。大宝（703）年、伊予水軍の祖・越智《おち》（河野）玉澄《たますみ》が、文武天皇（在位697～707）の命を受け大山積明神を大三島に勧請した際に24坊の別当寺を建立したのが創始。和銅元（708）年に行基が2南光坊ほか8坊を「日本総鎮守三島の御前」として奉納した。その後弘法大師が霊場に定めた。

宗派：真言宗御室派
本尊：大通智勝如来
開基：行基菩薩
住所：今治市別宮町3-1
電話：0898-22-2916
宿坊：なし

第56番 札所

金輪山《きんりんざん》 勅王院《ちょくおういん》 泰山寺 たいさんじ

弘仁6（815）年に弘法大師が訪れたころ、今治市内を流れる蒼社《そうしゃ》川が氾濫し、人々は悪霊の仕業と恐れていた。大師は村人らと共に堤防を築き、「土砂加持」の秘法を七座にわたり修法、満願の日に延命地蔵菩薩を感得し氾濫は終息。金輪山頂にあったが現在は麓に移動し、腰痛に御利益があるという大師お手植えの「不忘《わすれず》の松」がある。

宗派：真言宗醍醐派
本尊：地蔵菩薩　開基：弘法大師
住所：今治市小泉1-9-18
電話：0898-22-5959
宿坊：あり（3～5月、9～11月のみ営業・要予約）

第57番 札所

府頭山《ふとうざん》 無量寿院《むりょうじゅいん》 栄福寺 えいふくじ

貞観元（859）年、行教上人が石清水八幡（京都）の創建に向かう途中に暴風で当地に漂着。境内に神仏習合の藤岡八幡宮を創建した。

かつて今治あたりは海難事故が多く、弘法大師が風波、海難事故の平穏を祈願し府頭山頂で護摩供を行った。以来海陸安全の祈願寺として信仰を集める。明治時代に山頂から現在の中腹に柄伽藍を移動した。

宗派：高野山真言宗
本尊：阿弥陀如来
開基：弘法大師
住所：今治市玉川町八幡甲200
電話：0898-55-2432
宿坊：なし

第58番 札所

作礼山《されいざん》 千光院《せんこういん》 仙遊寺 せんゆうじ

天智天皇（在位668～672）の勅願により、伊予の国主・越智守興が開基。その後、弘法大師が四国霊場開創の折にこの寺で修法をし、井戸を掘り、荒廃していた伽藍を修復して再興した。本尊の千手観世音菩薩像は、天皇の念持仏として海から上がってきた竜女が彫って安置したとされる。現在の本堂は昭和28（1953）年の再建。

宗派：高野山真言宗
本尊：千手観世音菩薩
開基：越智守興
住所：今治市玉川町別所甲483
電話：0898-55-2141
宿坊：あり（1泊2食付 6,000円・要予約）

第59番 札所

金光山《こんこうざん》 最勝院《さいしょういん》 国分寺 こくぶんじ

伊予の国府の国分寺。旧国分寺は現在の場所より150mほど東にあった。東塔跡には巨大な礎石が遺っている。国の史蹟となっており創建当時の豪壮な七堂伽藍がしのばれる。第3世住職・智法律師の時代、弘法大師はここに長く滞在、「五大尊明王」の絵像を奉納。その後、藤原純友の乱や源平合戦など様々な災禍にみまわれ、江戸後期に復興した。

宗派：真言律宗
本尊：薬師如来
開基：行基菩薩
住所：今治市国分4-1-33
電話：0898-48-0533
宿坊：なし

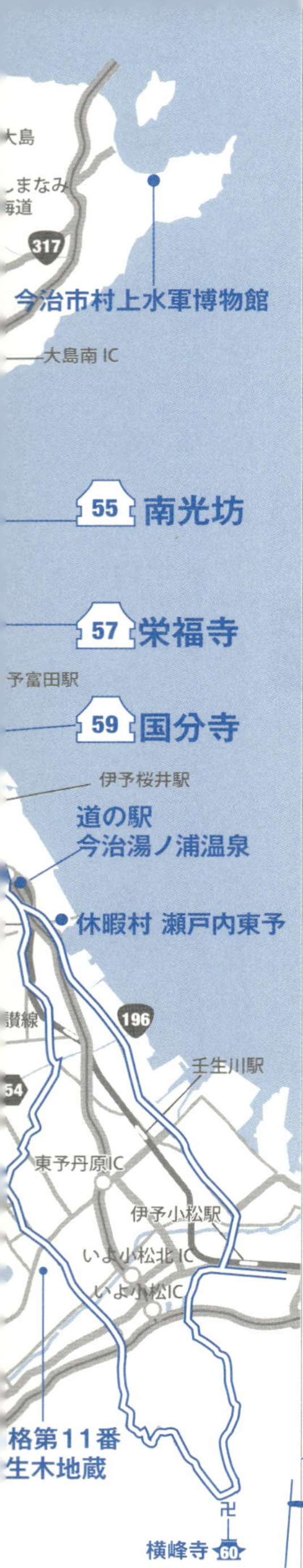

瀬戸内海の海岸線の道を しまなみ海道のふもとまで

道後温泉に近い石手寺には夕方までに到着するスケジュールを組んで、その日は温泉に浸かって旅の疲れを癒やしたい。翌日は、道後温泉本館を横目にしながら松山城のふもとの市街を通り抜け、約11㎞の距離にある太山寺を目指す。市内を抜けて北西へ。JR予讃線の三津浜駅から線路沿いの道を進んで県道183号線を標識に従って行けば太山寺だ。市内観光するならレトロな路面電車で松山市駅に向かうのもお勧め。

太山寺から53番・円明寺は、183号線に戻り約2・5㎞北上、伊予和気駅の近く。

円明寺から第54番・延命寺までは、JR予讃線と平行する海岸線沿いの国道196号線とその脇道をひたすら北へ約35㎞。美しい瀬戸内海を左に見ながら進んで行くと、しまなみ街道の近くに延命寺がある。山号になっている近見山の展望台に上れば来島海峡大橋が眺められる。

今治市街の第55番・南光坊、第56番・泰山寺、第57番・栄福寺まではそれぞれ約3㎞圏にあり、宿も取りやすい。栄福寺から第58番・仙遊寺も約3㎞だが、市街地をぬけて田んぼの中の坂道を行く。仙遊寺には宿坊もある。

第59番・国分寺へは、約6㎞の遍路道をJR伊予富田駅で右に折れ約1㎞。

◀◀◀運行情報

札所	次の札所まで
第52番札所 太山寺	徒歩約40分 約2.5㎞ ⬅車約5分 約2㎞
第53番札所 円明寺	徒歩約8時間45分 約35㎞ ⬅車約1時間15分 約37㎞
第54番札所 延命寺	徒歩約1時間 約3.5㎞ ⬅車約15分 約4㎞
第55番札所 南光坊	徒歩約45分 約3㎞ ⬅車約15分 約3.5㎞
第56番札所 泰山寺	徒歩約45分 約3㎞ ⬅車約10分 約3㎞
第57番札所 栄福寺	徒歩約45分 約3㎞ ⬅車約15分 4㎞
第58番札所 仙遊寺	徒歩約1時間約45分 約7㎞ ⬅車約25分 約8.5㎞
第59番札所 国分寺	徒歩約10時間約45分 約32㎞ ⬅車1時間約10分 約35㎞
第60番札所 横峰寺	

※時間と距離は遍路道を歩いた場合の目安です。

56. 泰山寺拝観日時
月　日　時　分到着
天　気

57. 栄福寺拝観日時
月　日　時　分到着
天　気

58. 仙遊寺拝観日時
月　日　時　分到着
天　気

59. 国分寺拝観日時
月　日　時　分到着
天　気

53. 円明寺拝観日時
月　日　時　分到着
天　気

54. 延命寺拝観日時
月　日　時　分到着
天　気

55. 南海坊拝観日時
月　日　時　分到着
天　気

52 太山寺拝観日時
月　日　時　分到着
天　気

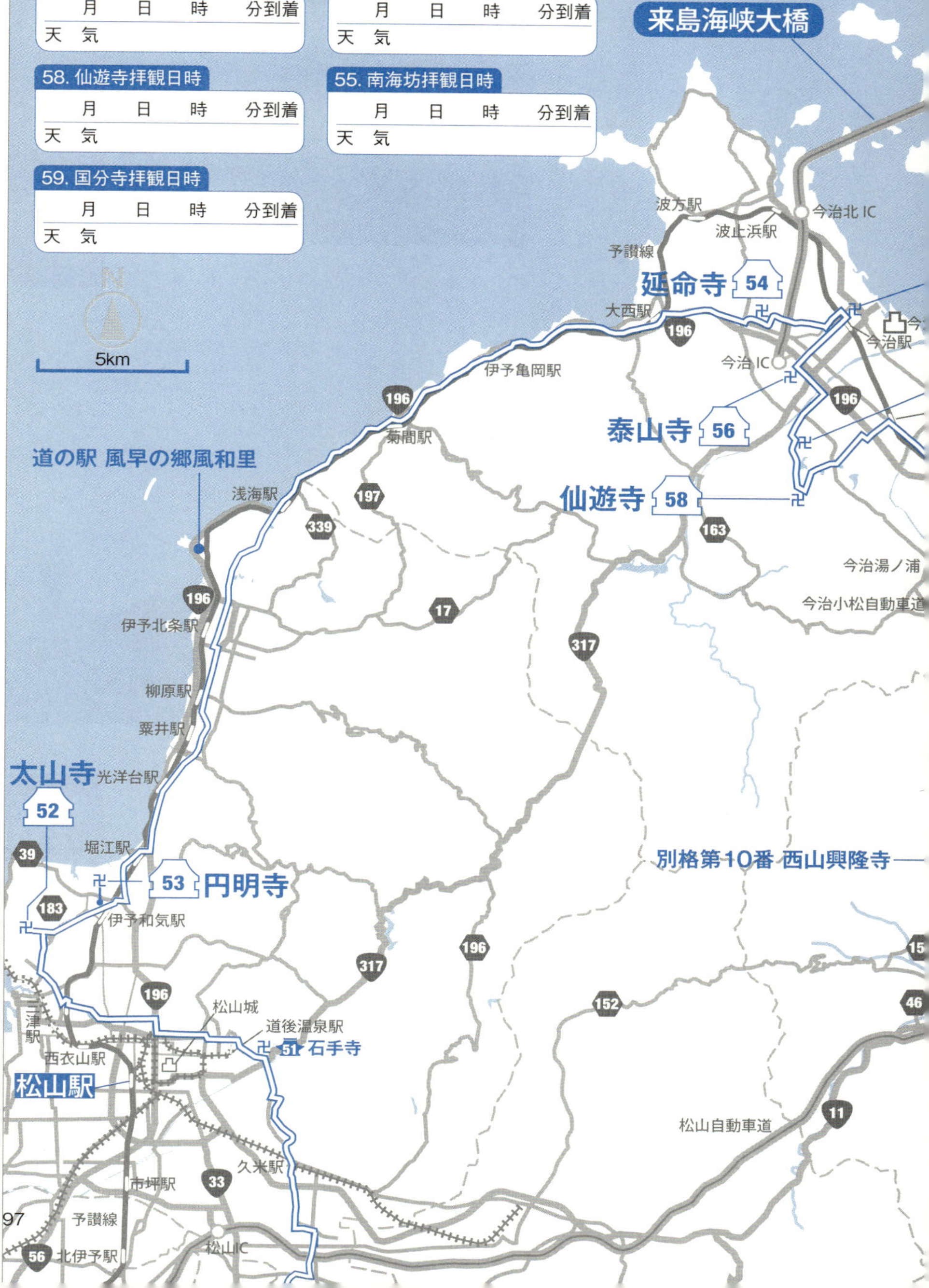

しまなみ海道を渡って多島美を堪能・来島海峡大橋

全長約４㎞の来島海峡大橋。大島の亀老山展望公園は360度見渡せる海道一のビューポイント。

今治では、広島県尾道市とを結ぶしまなみ海道で島に渡ってみたい。今治側からは、日本三大急流のひとつといわれる来島海峡に架かる来島海峡大橋が最初の大橋となる。しまなみ海道はすべての橋で自転車道が整備されているので、レンタサイクルを借りて、島々の多島美と近代的な橋とのコントラストを愉しむのもいい。愛媛県側の大島、大三島には、村上水軍ゆかりの地（能島《のしま》）や国宝の武具・甲冑の８割を所蔵する大山祇神社《おおやまづみ》（大三島）などの見所も多い。

今治市村上水軍博物館

中世に瀬戸内海を舞台に活躍した村上水軍に関する日本初の博物館。古文書や実物資料はじめ、水軍の活躍を知ることができる。

住所：今治市宮窪町宮窪1285

電話：0897-74-1065

開館時間：9時～17時

休館：月曜（祝日の場合は翌日）

今治城

関ヶ原の戦いの戦功により藤堂高虎が瀬戸内海に面した海岸に築いた大規模な平城。昭和55（1980）年以降に天守、櫓、門などの復元が進み、雄大な城郭の姿を見せている。

新鮮な瀬戸の幸を販売する道の駅 風早の郷 風和里《ふわり》

松山から海沿いの国道196号線を北上して今治市に入る手前にある。市スポーツセンターや海水浴場の施設も整備されている。10月中旬から２月までは海に沈む〝だるま夕日〟が見られる。

レストランでは、地元の魚介や野菜を使ったリーズナブルな名物料理が堪能できる。春夏限定の「あさりうどん」(上)と「鯛ごはん」(下)。

道の駅
風早の郷風和里

住所：松山市大浦119

電話：089-911-7700

営業時間：９時～18時（青空市場：8時～18時）

定休日：無休（12月31日～1月2日以外）

今治グルメが揃う 道の駅名 今治湯ノ浦温泉

しまなみ海道から小松方面への国道196号線沿いにある。道の駅には珍しいセルフの温泉スタンドがあり、100円で100ℓの温泉の湯が持ち帰られる。道の駅に温泉施設はないが、近くに湯ノ浦温泉郷がある。レストランでは、人気の「海道の鯛釜めし」「たこめし」「焼鳥玉子飯」など今治グルメがそろう。

道の駅
今治湯ノ浦温泉
住所：今治市長沢甲252-2
電話：0898-47-0990
営業時間：9時〜18時
（7〜8月は8時半〜18時半）
レストランゆのうら：9時〜17時半（7〜8月は8時半〜18時）
定休日：年中無休

特製だしでジューシーに揚げた鳥カラアゲ「せんざんき」3個入（400円）。

瀬戸の絶景を堪能できるレストラン＆客室

瀬戸内海を一望にし、霊峰・石鎚山を望むことができる絶景の休暇村。道後・鈍川と並ぶ伊予三湯のひとつ本谷温泉を源泉とする「ひうちなだ温泉」は宿泊客以外でも日帰り入浴が可能。宿泊は1泊2食付き1万90円から。今治小松自動車道の今治湯ノ浦インターチェンジから約3㎞。JR予讃線壬生川駅から朝夕に送迎（要予約）もある。

海を眺めながら食事ができる。

レストランでは、刺身など魚介類をふんだんに使った約50種類の料理、今治鉄板焼き鳥が並ぶ「瀬戸内水軍バイキング」が人気だ。レストランやラウンジ、温泉、客室のすべてからその絶景が楽しめる。

休暇村 瀬戸内東予
住所：西条市河原津乙7-179
電話：0898-48-0311
営業時間：11時〜16時（札止めは15時30分／日帰り入浴）
定休日：年中無休
料金：大人500円

鉄板で焼く今治焼き鳥 カリカリの皮が香ばしい

ゆるキャラの「バリィ」さんでも知られる今治名物の焼き鳥は、串に刺して焼くのではなく、鉄板で焼くのが一般的。昭和30年代に考案されてから、今では市内の約60店で提供されているというから、まさに今治のソウルフード。

スケッチ欄▶▶▶

ひとくちメモ▶▶▶

俳句・短歌欄▶▶▶

写真・記念品などの添付欄▶▶▶

第60番 札所

石鉄山《いしづちさん》 福智院《ふくちいん》 横峰寺 よこみねじ

西日本最高峰の石鎚山系にある横峰寺は、山の中腹・標高750mに境内があり、四国霊場の中でも3番目の高地にある「遍路ころがし」の難所。修験道の開祖・役小角《えんのおづぬ》（役行者《えんのぎょうじゃ》）が石鎚山の星ヶ森で修行中、山頂付近に蔵王権現が現れ、その姿を木に彫り小堂に安置したのが創建。明治の廃仏毀釈令により一旦廃寺となったが、明治42年に再興。

宗派：真言宗御室派
本尊：大日如来
開基：役行者小角
住所：西条市小松町石鎚甲2253
電話：0897-59-0142
宿坊：なし

第61番 札所

栴檀山《せんだんざん》 教王院《きょうおういん》 香園寺 こうおんじ

用明天皇（在位585〜587）の病気平癒を祈願して、皇子の聖徳太子が建立。弘法大師は、門前で苦しむ身重の婦人のために栴檀《せんだん》の香を焚いて加持、祈祷し無事男子が出生。以来、安産、子育ての御利益で栄えたが、兵火で焼失。大正3年には「子安講」を創始し、海外まで講員を拡大。昭和51年に鉄筋のモダンな大聖堂・本堂が完成。

宗派：真言宗御室派
本尊：大日如来
開基：聖徳太子
住所：西条市小松町南川甲19
電話：0898-72-3861
宿坊：なし

第62番 札所

天養山《てんようざん》 観音院《かんのんいん》 宝寿寺 ほうじゅじ

聖武天皇の勅願で天平年間（729〜749年）に、伊予国一宮の法楽所、寺名を金剛宝寺として建立されたのが始まり。弘法大師が石鎚山に向かう途中、聖武天皇の妃・光明皇后の姿をかたどった十一面観音像を彫造。これを本尊とし、宝寿寺と改め霊場とした。JR伊予小松駅から徒歩1分。安産の観音様として信仰を集めている。

宗派：高野山真言宗
本尊：十一面観世音菩薩
開基：聖武天皇
住所：西条市小松町新屋敷甲428
電話：0898-72-2210
宿坊：なし

第63番 札所

密教山《みっきょうざん》 胎蔵院《たいぞういん》 吉祥寺 きちじょうじ

弘仁年間（810〜824年）に弘法大師が光を放つ檜から本尊の毘沙門天、脇侍として吉祥天・善賦師童子《ぜんにしどうじ》を刻み開基したといわれる。毘沙門天（毘沙聞天）を本尊とするのは四国霊場の中では唯一。豊臣秀吉の四国征伐の際に焼失したが、万治2（1659）年に現在地に移転、再建された。国道11号線沿いのJR伊予氷見駅すぐにある。

宗派：真言宗東寺派
本尊：毘沙聞天
開基：弘法大師
住所：西条市氷見乙1048
電話：0897-57-8863
宿坊：なし

第64番 札所

石鉄山《いしづちさん》 金色院《こんじきいん》 前神寺 まえがみじ

石鎚山で修行中の役行者(役小角)が石蔵王権現となって現れた釈迦如来と阿弥陀如来の尊像を祀ったのが開創。桓武天皇の病気平癒の祈願が成就し七堂伽藍を建立、勅願寺となった。明治の神仏分離令で廃寺となり、近くに石鎚神社が建立されたが、明治22年に霊場として復興。毎年7月のお山開きには数万人の信者が集う。

宗派：真言宗石鉄山派
本尊：阿弥陀如来
開基：役行者小角
住所：西条市洲之内甲1426
電話：0897-56-6995
宿坊：なし

第65番 札所

由霊山《ゆれいざん》 慈尊院《じそんいん》 三角寺 さんかくじ

聖武天皇の勅願によって、行基が弥勒の浄土を具現するために開創したと伝えられる。第64番前神寺からは約45㎞と離れている伊予国最後の札所。三角寺山(標高４３０ｍ)の中腹にあり、俳人・小林一茶が「これでこそ登りかひあり　山桜」と詠んだ桜の名所でもある。弘法大師が三角の護摩壇を築き境内に三角の池が残る。

宗派：高野山真言宗
本尊：十一面観世音菩薩
開基：行基菩薩
住所：四国中央市金田町三角寺甲75
電話：0896-56-3065
宿坊：なし

コラム⑧

石鎚山─西日本最高峰の信仰の山

古くから山岳信仰、修験道の道場として信仰されている石鎚山は標高１９８２ｍで西日本の最高峰。日本七霊山の一つで、６８５年に役小角が開山し、弘法大師も２度入山して修行をしたといわれる。石鎚山は、天狗岳《てんぐだけ》(標高１９８２ｍ)、弥山《みせん》(１９７４ｍ)、南尖峰《なんせんぽう》(１９８２ｍ)、笹《ささ》ケ峰《みね》(１９６０ｍ)などからなる石鎚山脈のことだが、修行登山は主に最高峰の天狗岳と石鎚神社の頂上社がある弥山への登山が一般的だ。鎖場などの難所もあり、山頂まで登るには本格的な登山の装備が必要だが、７合目まではロープウェイか車でも行ける。毎年７月１日にはお山開きの大祭が行われ、この日だけは現在でも女人禁制だ。

天狗岳

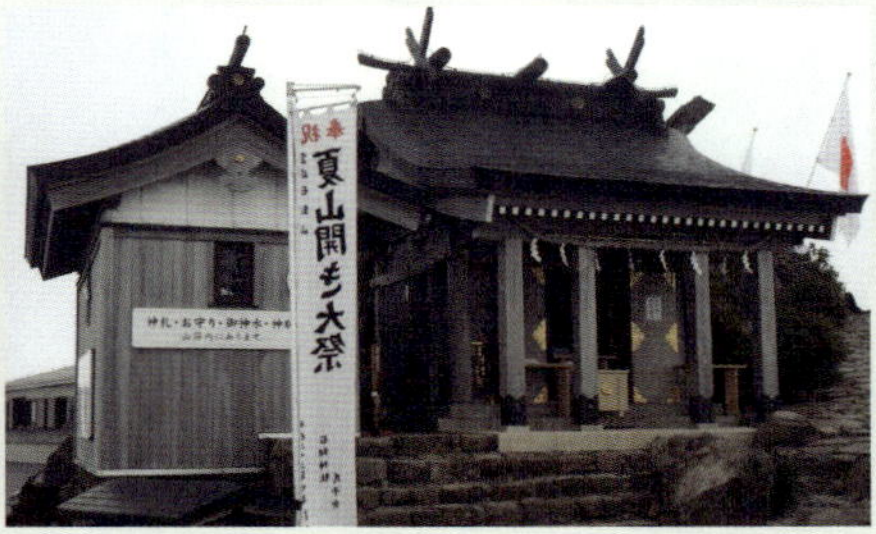

弥山の頂上社

第64番札所・前神寺、第60番・横峰寺は、石鎚山別当寺として神仏習合の修験の道場としても信仰を集めている。

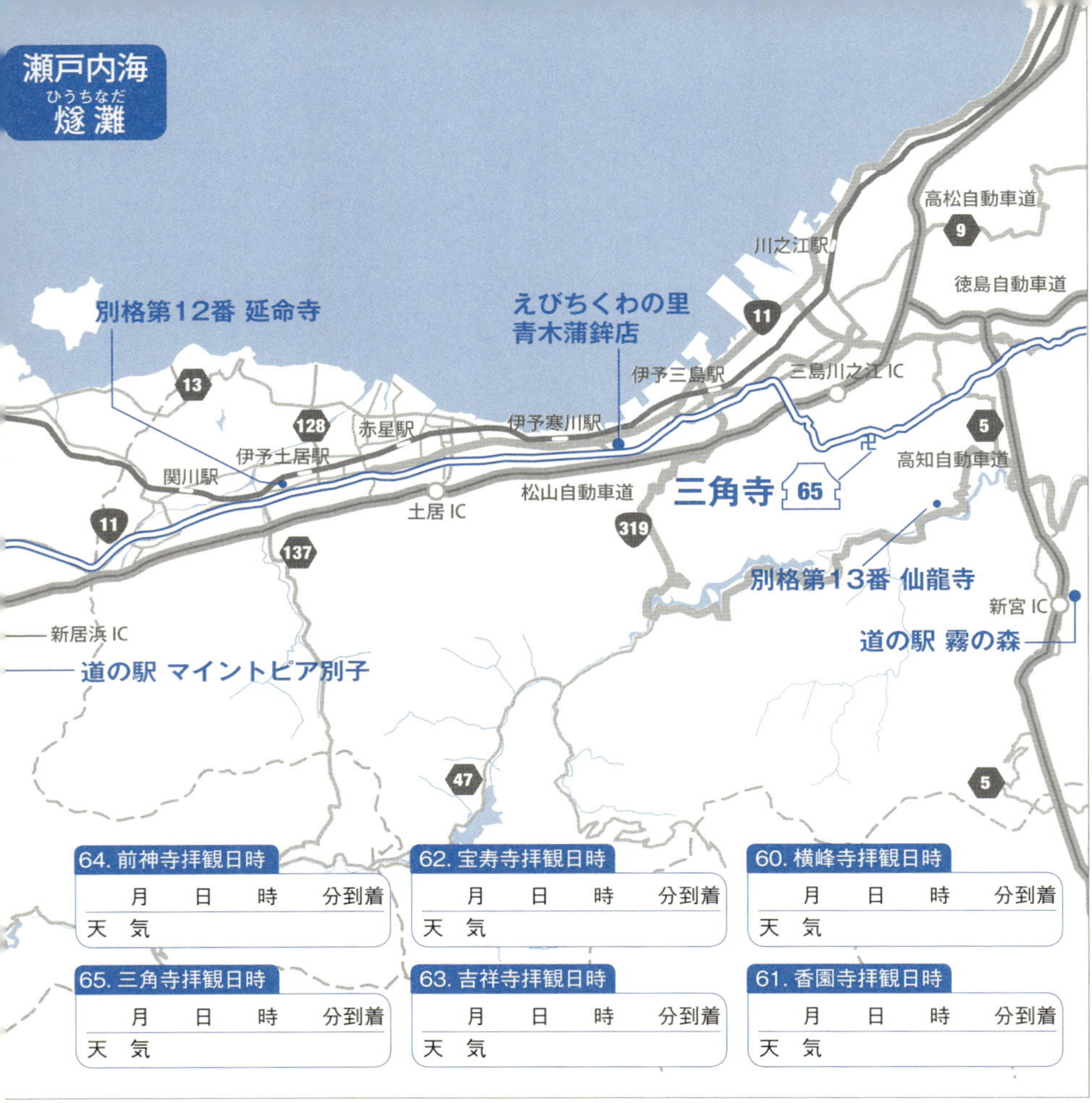

64. 前神寺拝観日時	
月 日 時 分到着	
天 気	

62. 宝寿寺拝観日時	
月 日 時 分到着	
天 気	

60. 横峰寺拝観日時	
月 日 時 分到着	
天 気	

65. 三角寺拝観日時	
月 日 時 分到着	
天 気	

63. 吉祥寺拝観日時	
月 日 時 分到着	
天 気	

61. 香園寺拝観日時	
月 日 時 分到着	
天 気	

四国霊場中3番目の高所から伊予最後の札所へ

第59番・伊予の国分寺を出て第60番・横峰寺までは約32km、険しい山道を登っていく。瀬戸内海の燧《ひうち》灘《なだ》を左に見ながら、国道196号線を南下、JR伊予小松駅の近くを左折して国道11号線に入りJR予讃線石鎚山駅を過ぎたところの加茂川沿いを山に向かって上って行く。196号線から今治小松自動車道の西側を行くルートもある。ここから四国霊場中で3番目の高所、急な坂道が続く難所となる。

横峰寺から第61番・香園寺へは、険しい山道を下って再び国道11号線に出る。そこで西方向に戻り、伊予小松駅を通り過ぎてしばらく行くと香園寺だ。そして今度は、先ほど通り過ぎた東方向へ約1・5km、伊予小松駅前にある第62番・宝寿寺へ。さらに東へ約1・5kmで第63番・吉祥寺に着く。吉祥寺からまたさらに東へ3・5km、石鎚温泉を右に曲がれば、第64番・前神寺。

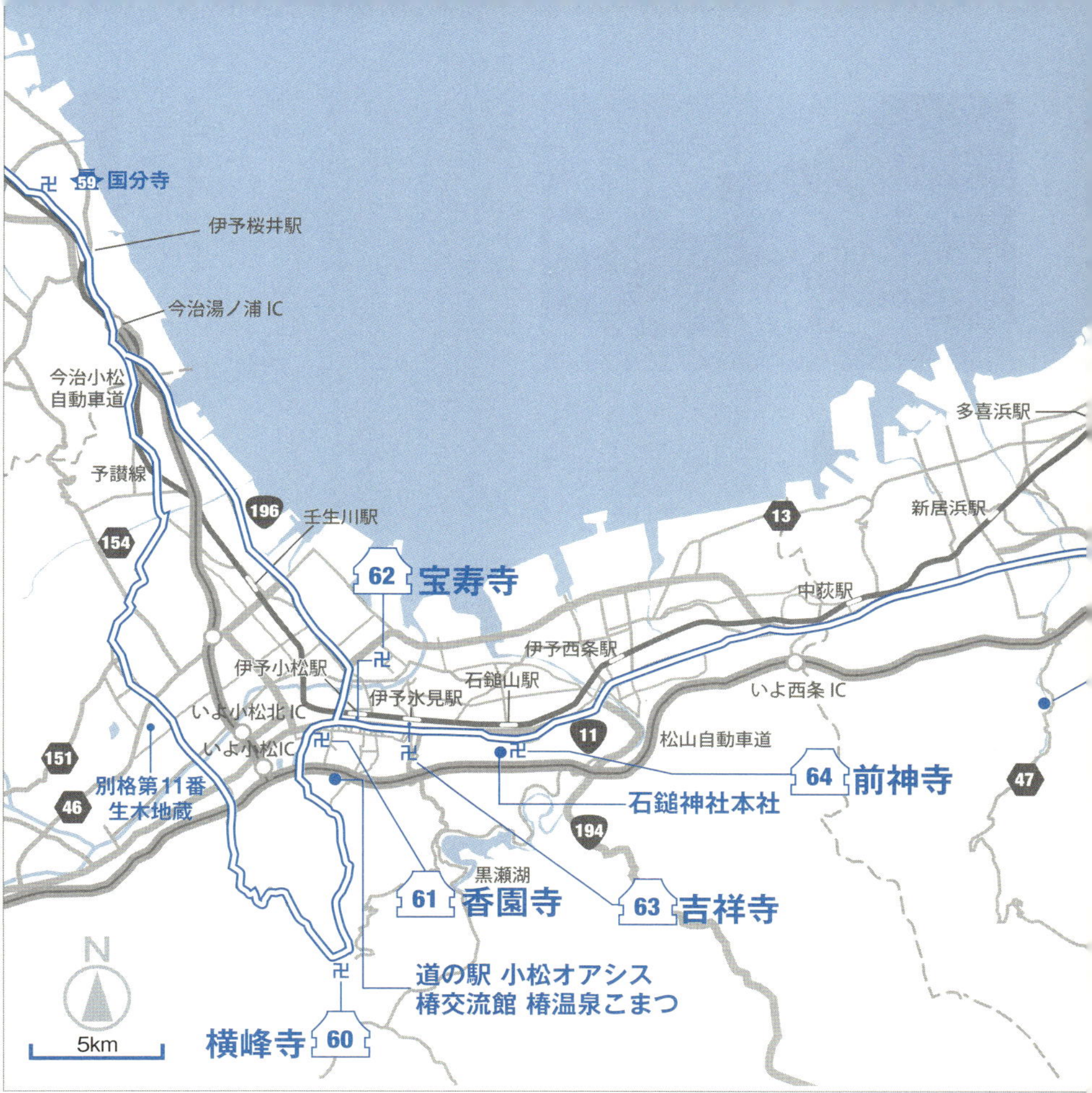

前神寺から伊予最後の札所となる第65番・三角寺までは、国道11号線をひたすら東へ約45㎞。新居浜市をへて四国中央市に入り、ＪＲ伊予土居駅を過ぎたあたりから県道129号線へ。市街を抜けて松山自動車道の三島川之江ＩＣあたりから標高430ｍにある三角寺を目指す。愛媛県最後の宿はＪＲ伊予三島駅あたりに取るのがおすすめ。

◀◀◀ 運行情報

第60番札所 横峰寺
徒歩約3時間 約9.5km／**車約30分 約15km**
第61番札所 香園寺
徒歩約30分 約1.5km／**車約5分 約1.5km**
第62番札所 宝寿寺
徒歩約30分 約1.5km／**車約5分 約1.5km**
第63番札所 吉祥寺
徒歩約45分 約3.5km／**車約10分 約3km**
第64番札所 前神寺
徒歩約13時間 約45km ←
車約1時間30分（松山自動車道利用） 約50km
第65番札所 三角寺
徒歩約7時間 約28km（ロープウェイ7分利用） ←
車約30分（ロープウェイの駐車場まで） 約23km
第66番札所 雲辺寺

※時間と距離は遍路道を歩いた場合の目安です。

霊峰・石鎚山を御神体とする石鎚神社にお参り

西条市に入ると、瀬戸内海の背後に急峻な四国山脈の山々が聳えているのに気がつく。ここに霊峰・石鎚山を御神体とする石鎚神社がある。国道11号線やJR予讃線の石鎚山駅の近くに本社（口之宮）がある。毎年7月の石鎚山の山開きでは本社から神輿を7合目の成就社、土小屋遥拝殿を経て山頂の頂上社まで担ぎ上げる。

石鎚神社の拠点、本社口之宮。瀬戸内海を見晴らす丘に、荘厳な本殿、社務所、宿泊・会議のできる石鎚神社会館などがある。
住所：西条市西田甲797
電話：0897-55-4044

石鎚山系の伏流水が湧き出す西条市の「うちぬき」

西条市内には「うちぬき」と呼ばれる地下水の自噴井がある。JR伊予西条駅周辺の各所に、弘法大師ゆかりの清水などが湧いている。

東洋のマチュピチュ マイントピア別子

江戸時代から栄えた日本三大銅山のひとつ別子銅山の産業遺跡の観光施設。東平《とうへい》、端出場《はでば》2ゾーンに鉱山鉄道、観光坑道などが復元され、温泉、砂金採り体験などができる。

マイントピア別子
住所：新居浜市立川町707-3
電話：0897-43-1801
営業時間:9時～18時（3月～10月、11月：9時～17時、12月～3月：10時～17時）
定休日：年中無休

椿温泉こまつの天然温泉と道の駅 小松オアシス

石鎚山脈のふもと、松山自動車道・石鎚山SAに隣接し、一般道と高速道路の両方からの利用が可能な道の駅。天然温泉の椿交流館（椿温泉こまつ）を併設し日帰り温泉に浸かることができる。展望デッキには無料の足湯もある。

燧灘（ひうちなだ）を見晴らす温泉（左）と、展望デッキの足湯（下）。

道の駅 小松オアシス／椿交流館 椿温泉こまつ
住所：西条市小松町新屋敷乙22-29
電話：0898-76-3111
営業時間：9時～18時／日帰り温泉10時～22時（札止め21時半）
入場料：大人400円
定休日：水曜日（祝日の場合は開館）

愛媛県最後の道の駅 茶所のスイーツが名物

愛媛最後の札所65番・三角寺から讃岐1番の雲辺寺への途中の休憩地にお勧めの道の駅・霧の森。茶所として知られ、自然豊かな新宮町（四国中央市）の山間にあり、レストランや古民家風カフェ、天然温泉、コテージなどがある。施設内にある工房で作る特産のかぶせ抹茶を使った「霧の森大福」は、テレビ・マスコミで話題沸騰し、幻のスイーツなどといわれ大人気だ。

霧の森菓子工房（下左）の大人気スイーツ「霧の森大福」（上）、新宮茶専門カフェ「茶フェ～ゆるり～」（下右）。

駐車場から谷川に架かる橋を渡る。

道の駅 霧の森
住所：四国中央市新宮町馬立4491-1
電話：0896-72-3111
営業時間：10時～17時、
＜レストラン＞10時～16時半、17時～20時
＜温泉：交湯～館＞10時～21時
定休日：月曜（祝日の場合は火曜、4月～8月は無休）

小えびを練り込んだ ほんのり桜色の「えびちくわ」

明治中頃から続く東予地方の特産品「えびちくわ」。瀬戸内の小えびを殻ごとミンチにして自家製の豆腐、白身魚などと練り込んで焼き上げた、桜色のユニークな逸品。

**えびちくわの里
青木蒲鉾店**
住所：四国中央市寒川町1182
電話：0896-23-3935
営業時間：9時～18時
定休日：土曜日・隔週火曜日・祝前日、元旦

コラム

お遍路さんの休憩所 ⑨

道路脇に設けられた接待小屋、休憩小屋をしばしば見かける。場所によっては、飲み物がさりげなく用意されていたり、感謝を綴る寄せ書きノートがあったり。建築家の歌一洋氏（元近畿大学教授）が呼びかけた、「四国八十八ヶ所ヘンロ小屋プロジェクト」で、各地に新たに小屋が作られている。

岩屋寺（上右）、横峰寺への登山口（上左）の遍路小屋。小さな手編みの草鞋が置いてあった。

スケッチ欄▶▶▶

ひとくちメモ▶▶▶

俳句・短歌欄▶▶▶

写真・記念品などの添付欄▶▶▶

［讃岐の国 香川県］

涅槃の道場 23ヵ寺

涅槃《ねはん》とは、さまざまな苦を絶ち一切の煩悩を消滅した悟りの境地。弘法大師生誕の地・讃岐の国は、瀬戸内海に浮かぶ大小の島々を眺め爽やかな風を受けながら23ヵ寺を巡る。讃岐路は札所間の距離も近く、結願となる88番札所・大窪寺まではもう一息。

第66番札所

巨鼇山《きょごうざん》 千手院《せんじゅいん》 雲辺寺 うんぺんじ

延暦8（789）年、弘法大師が16歳のとき、善通寺（第75番札所）の建材を求めて山に入り堂宇を建立したのが始まりとされる。大師は34歳のときに秘密灌頂《かんじょう》の修法をこの寺で行い、弘仁9年（818）年、45歳のときに嵯峨天皇（在位809～823）の勅願により本尊を彫造して霊場と定めた。讃岐の打ち始めの一番札所だが、県境にあり住所は徳島県。

宗派：真言宗御室派
本尊：千手観世音菩薩
開基：弘法大師
住所：三好市池田町白地ノロウチ763-2
電話：0883-74-0066
宿坊：なし

第67番札所

小松尾山《こまつおざん》 不動光院《ふどうこういん》 大興寺 だいこうじ

天平14（742）年に奈良・東大寺の末寺として建立され、弘仁13（822）年に嵯峨天皇の勅願によって弘法大師が本尊の薬師如来を刻んで安置し再興したといわれる。真言24坊・天台12坊が同じ境内で修行し、弘法大師堂と、智顗《ちぎ》を祀る天台大師堂がある。戦国時代に兵火で焼失、現在の堂宇は江戸中期の寛保元（1741）年の建立。

宗派：真言宗善通寺派
本尊：薬師如来
開基：弘法大師
住所：三豊市山本町辻4209
電話：0875-63-2341
宿坊：なし

第68番札所

七宝山《しっぽうざん》 神恵院《じんねいん》

観音寺市内の琴弾《ことひき》公園内の琴弾山ふもとの第69番・観音寺と同じ境内にある。法相宗の日証上人が琴弾山で修行中、舟上で琴を弾く老人を発見、これを八幡大明神であるとして舟と琴を祀り琴弾八幡宮とした。その後に弘法大師が八幡宮の本地仏である阿弥陀如来を描き札所とした。明治に琴弾神社と分離され観音寺内に移転した。

宗派：真言宗大覚寺派
本尊：阿弥陀如来
開基：日証上人
住所：観音寺市八幡町1-2-7（観音寺内）
電話：0875-25-3871（観音寺）
宿坊：なし

第69番札所

七宝山《しっぽうざん》 観音寺《かんのんじ》

神恵院と同じ境内にあり、開基も由縁も同じ。創建時は神宮寺宝光院と称した。弘法大師は琴弾八幡宮の本地仏である阿弥陀如来像を納めた時、第7世の住職として入山。琴弾大明神が乗っていた神舟は観音の化身だと感得した大師は七堂伽藍を建立し聖観世音菩薩像を彫造して寺名を「七宝山・観音寺」に改めたとされている。

宗派：真言宗大覚寺派
本尊：聖観世音菩薩
開基：日証上人
住所：観音寺市八幡町1-2-7
電話：0875-25-3871
宿坊：なし

第70番札所

七宝山《しっぽうざん》 持宝院《じほういん》 本山寺《もとやまじ》

大同2（807）年、平城天皇の勅願寺として、弘法大師が自ら刻んだ頭上に馬頭をいただく馬頭観音像を本尊として開創したといわれる。馬頭観音の本尊は四国霊場では唯一。天正年間（1573〜1592）に長宗我部氏の戦により讃岐の主な寺院は兵火を受けたが、当寺の鎌倉時代建立の本堂（国宝）、重要文化財の仁王門等は難を免れ現存。

宗派：高野山真言宗
本尊：馬頭観世音菩薩
開基：弘法大師
住所：三豊市豊中町本山甲1445
電話：0875-62-2007
宿坊：なし

第71番札所

剣五山《けんござん》 千手院《せんじゅいん》 弥谷寺《いやだにじ》

聖武天皇の勅願により行基が堂宇を建立し、光明皇后の父母の菩提を弔うため、「大方広仏華厳経」を祀り、寺院を創建したとされる。本尊は千手観音。弘法大師は7〜12歳の間、獅子之岩屋と呼ばれる岩窟で窓（明星之窓）からの明かりで昼夜、写経や学問に励んだといわれている。

三豊市にある標高382mで眺望のよい弥谷山の南麓にある。

宗派：真言宗善通寺派
本尊：千手観世音菩薩
開基：行基菩薩
住所：三豊市三野町大見乙70
電話：0875-72-3446
宿坊：なし

最後の難所・雲辺寺を越えれば「涅槃の道場」らしい穏やかな道

伊予最後の札所・三角寺から雲辺寺へは、舗装されているものの急な山道。まずは中間地点の別格霊場第14番札所の椿堂（常福寺）へ向かう。いよいよ「涅槃の道場」讃岐に入る。高知自動車道の高架を越え国道192号に合流したら、そのまま進み県道8号線を北上すると雲辺寺の登り口、ロープウェイに至る。

雲辺寺から第67番・大興寺へは、ロープウェイの山麓駅を出て県道241号線から国道377号線へと下って行く。このあたりになると札所間の距離も短く、平坦な道が多くなる。

大興寺から第68番・神恵院までは観音寺市の市街地を抜けて平坦な道を海沿いに巨大な寛永通宝の銭形砂絵がある琴弾公園まで約11km。寺は琴弾山の中腹にあり、第69番・観音寺は神恵院と同じ境内にある。

観音寺から第70番・本山寺へも平坦

66.雲辺寺拝観日時			
月	日	時	分到着
天　気			

67.大興寺拝観日時			
月	日	時	分到着
天　気			

68.神恵院拝観日時			
月	日	時	分到着
天　気			

69.観音寺拝観日時			
月	日	時	分到着
天　気			

70.本山寺拝観日時			
月	日	時	分到着
天　気			

71.弥谷寺拝観日時			
月	日	時	分到着
天　気			

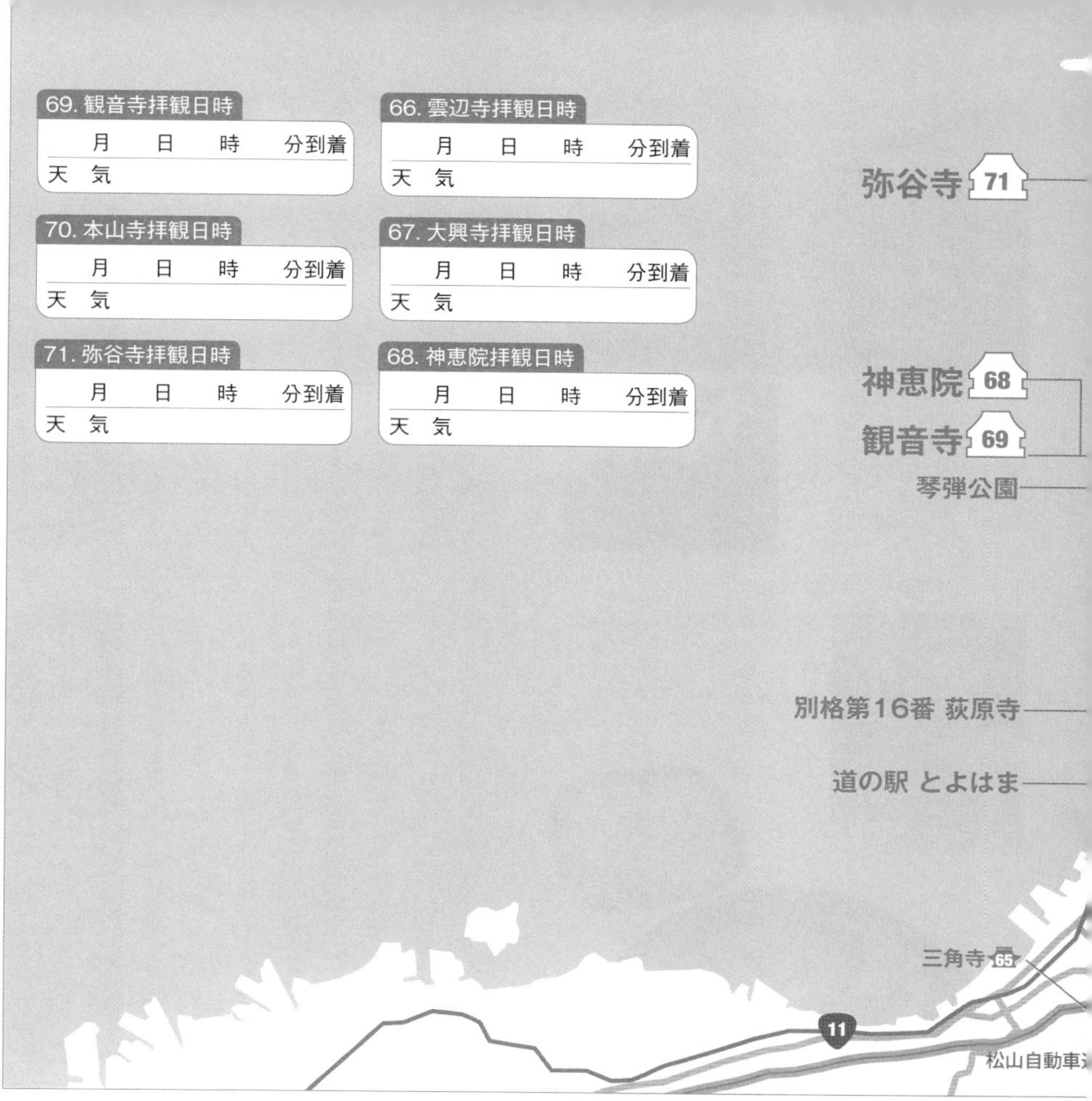

な道が続く。琴弾公園を出て財田川沿いの道を上流に向かって約4.5km。やがて静かな田園地帯の向こうに本山寺の五重塔が見えてくる。

本山寺を出て、国道11号線を約12km北上し、高松自動車道の高架下から県道48号線へ。そのまま道なりに行けば弥谷山中腹の弥谷寺に到着する。

◀◀◀ 運行情報

第66番札所 雲辺寺
徒歩約3時間(ロープウェイ利用)約10km ⬅ **車約15分 約10km**

第67番札所 大興寺
徒歩約2時間30分 約10km ⬅ 車約20分 約11km

第68番札所 神恵院
徒歩約1分 観音寺に隣接

第69番札所 観音寺
徒歩約1時間10分 約5km ⬅ 車約10分 約5km

第70番札所 本山寺
徒歩約3時間 約12km ⬅ 車約20分 約13km

第71番札所 弥谷寺
徒歩約1時間15分 約5km ⬅ 車約10分 約5km

第72番札所 曼荼羅寺

※時間と距離は遍路道を歩いた場合の目安です。

四国霊場最高峰・雲辺寺のロープウェイ

四国霊場では最も高い場所にある第66番札所・雲辺寺へは、ロープウェイが便利だ。全長約２６００ｍ、山麓駅から山頂駅までの高低差約６６０ｍを毎秒10ｍのスピード、約７分で山頂に到着する。山麓駅から雲辺寺の間には食事所や土産店、参道には五百羅漢像が並ぶ。三豊平野から、瀬戸大橋、さらには中国地方まで一望できる。

雲辺寺ロープウェイ
住所：観音寺市大野原町丸井
電話：0875-54-4968
定休日：無休
料金：往復2,060円

瀬戸の穏やかな海に沈む夕日が美しい道の駅 とよはま

海沿いを走る国道11号線を愛媛県から抜けてくると香川県側に入ってすぐにある道の駅。香川県の西の玄関。「おーしゃん食堂」と名づけられた近海で獲れた魚介類や香川県産のお米「おいでまい」など地元の食材を使った讃岐のグルメが味わえる。海に面した展望広場からは、瀬戸内海が一望でき、海に沈む美しい夕陽を見ることができる。

愛媛県の東予から西讃地域で古くから嫁入りのときに配られる「おいり」とよばれるひなあられに似た餅菓子をソフトクリームにトッピングした「おいりソフト」が人気。

鮮魚店が経営する「おーしゃん食堂」では新鮮な香川の食材を活かした料理が楽しめる。写真は「おーしゃん弁当」。

道の駅 とよはま
住所：観音寺市豊浜町箕浦2506
電話：0875-56-3655
営業時間：物産館：8時半〜18時／食堂11時〜18時（オーダーストップ17時30分）
定休日：月曜（物産館は年中無休）

砂で銭形をかたどった 琴弾公園《ことひきこうえん》

JR観音寺駅より徒歩20分の有明浜に砂で描かれた巨大な「寛永通宝」の銭形。金運を招くと評判の観光スポット。隣接する琴弾山の山頂から全体を眺められ、隣接する道の駅には世界のコイン博物館などもある。琴弾山の中腹には四国霊場の神恵院、観音寺がある。

さくら名所100選、日本の夕陽百選に選ばれている琴弾公園。
住所：観音寺市有明町
電話：0875-24-2150
（観音寺市観光協会）

絶景の展望温泉 道の駅・たからだの里さいた

讃岐と阿波・土佐を結ぶ国道32号と観音寺池田線の交差点にある温泉施設「環《たまき》の湯」を併設する道の駅。鉄分を含んだ温泉とナトリウムを多く含んだ温泉があり、湯に浸かりながら周りの山々を眺められる。物産館では、地元の食材を使った手作りアイスが人気で、新鮮な野菜や果物も販売されている。

道の駅 たからだの里さいた環の湯
住所：三豊市財田町財田上180-6
電話：0875-67-3883
営業時間：8時〜18時（食堂：11時〜19時30分）
定休日：月曜、12月31日〜1月2日

札所巡り観光の拠点に最適 観音寺市の温泉ホテル

JR予讃線観音寺駅から約4・4㎞の小高い丘に建つかんぽの宿。西讃の札所にもアクセスがよいので遍路の宿として便利。地下約1200mから湧き出る天然温泉があり、日帰り入浴も可能なので、休憩にも最適。

かんぽの宿 観音寺
住所：観音寺市池之尻町1101-4
電話：0875-27-6161
営業時間：日帰り温泉10時30分〜21時（20時受付終了）
料金：大人500円
定休日：年間 1日　※掲載写真はイメージ

お遍路さん応援の1泊朝食付6,700円〜など、季節ごとにリーズナブルで多彩な宿泊プランがある。

良質の天然温泉の「母神温泉」。（加温、循環ろ過、塩素系薬剤を注入）

スケッチ欄▶▶▶

ひとくちメモ▶▶▶

俳句・短歌欄▶▶▶

写真・記念品などの添付欄▶▶▶

第72番札所 我拝師山《がはいしざん》 延命院《えんめいいん》 曼荼羅寺 まんだらじ

弘法大師の出身氏族である讃岐の領主・佐伯氏の氏寺として推古天皇4（596）年に創建。四国霊場の中では最古の古刹。当初「世坂寺《よさかでら》」と称していたが、弘法大師が唐から帰朝した翌年、亡き母玉依御前《たまよりごぜん》の菩提を弔うために、本尊に大日如来を祀り、唐から持ち帰った金剛界と胎蔵界の曼荼羅を安置、寺名を「曼荼羅寺」に改めたといわれる。

宗派：真言宗善通寺派
本尊：大日如来
開基：弘法大師
住所：善通寺市吉原町1380-1
電話：0877-63-0072
宿坊：なし

第73番札所 我拝師山《がはいしざん》 求聞持院《ぐもんじいん》 出釈迦寺 しゅっしゃかじ

弘法大師が7歳の時に山に登り、「将来仏門に入り多くの衆生を救いたい。願いが叶うなら釈迦如来よ、姿を現したまえ。もし叶わぬのなら一命を捨ててこの身を諸仏に捧げる」と山の断崖から谷へ身を投じたところ、釈迦如来が現れて抱きとめ祈願の成就を約されたという。青年となった大師は寺を建立、釈迦如来を刻んで本尊としたという。

宗派：真言宗御室派
本尊：釈迦如来
開基：弘法大師
住所：善通寺市吉原町1091
電話：0877-63-0073
宿坊：なし

第74番札所 医王山《いおうざん》 多宝院《たほういん》 甲山寺 こうやまじ

弘法大師が善通寺と曼荼羅寺の間に寺を建てる地を探している時、毘沙門天の化身と出逢い、岩窟に毘沙門天を祀った。その後、嵯峨天皇の命を受け満濃池《まんのういけ》の修築を命じられ、薬師如来を刻み修法すると数万の人々が集まり3ヶ月に及ぶ難工事は無事完成。弘仁12（821年）年、朝廷から与えられた報奨金で堂を建立したのが始まりという。

宗派：真言宗善通寺派
本尊：薬師如来
開基：弘法大師
住所：善通寺市弘田町1765-1
電話：0877-63-0074
宿坊：なし

コラム ⑩ 石のように堅い門前名物かたパン

善通寺西院の門前に、善通寺名物の「かたパン」という石のように堅いパンを販売する創業明治29年の老舗・熊岡菓子店がある。日清戦争のころ、日持ちがして腹持ちがよいものという軍の要望で作ったといわれるパンは、お遍路さんの保存食としても重宝されてきた。

■熊岡菓子店
住所：善通寺市善通寺町3-4-11
電話：0877-62-2644
営業時間：7時半〜17時半（土日祝は8時〜）
定休日：火曜、第３水曜

第75番 札所

五岳山《ごがくざん》 誕生院《たんじょういん》 善通寺 ぜんつうじ

弘法大師の誕生所である善通寺は、京都の東寺、和歌山の高野山と並ぶ弘法大師3大霊跡のひとつ。唐での修行を終えて帰朝した大師は、大同2(807)年に土地の豪族であった父・佐《さ》伯善通《えきよしみち》の寄進した土地に、師である恵果《けいか》阿闍梨が住んだ長安の青龍寺を模して建立したといわれる。伽藍は創建地の東院と、生誕地の西院に分かれている。

弘法大師の生まれた佐伯家の邸宅跡に建つ御影堂(上写真)。地下に暗い約100mの回廊を歩く「戒壇めぐり」がある。

御影池。佐伯家の庭にあった池で、弘法大師が入唐する際に池面に自身を映して自らの像を描いて母に渡したと伝えられる。(右)

宗派：真言宗善通寺派総本山
本尊：薬師如来
開基：弘法大師
住所：善通寺市善通寺町3-3-1
電話：0877-62-0111
宿坊：あり(要予約、1泊2食付6100円～)

第76番 札所

鶏足山《けいそくざん》 宝幢院《ほうどういん》 金倉寺 こんぞうじ

弘法大師の甥で天台寺門宗の開祖・智証大師の誕生地に建つ。宝亀5(774)年に智証大師の祖父・和気道善《わけのどうぜん》が自在王堂として開創。仁寿元(851)年に道善寺となった。その後、唐の留学から帰朝した智証大師が唐の青龍寺を模して伽藍を造営。延長6(928)年、地名の金倉郷にちなんで金倉寺とした。智証、弘法両大師の像を安置。

宗派：天台寺門宗
本尊：薬師如来
開基：和気道善
住所：善通寺市金蔵寺町1160
電話：0877-62-0845
宿坊：なし

善通寺のシンボル、東院に建つ総欅(けやき)造・高さ45mの五重塔。

溜池のある田園地帯の中
弘法大師の生誕の地を歩く

弥谷寺を出て竹林の遍路道を下って行くと舗装された道に出る。高松自動車道の高架下をくぐって、大池という溜池を周りこむように進み一瞬国道11号線に出るが、すぐに県道48号線に入ると第72番・曼荼羅寺がある。

曼荼羅寺から第73番・出釈迦寺へは、曼荼羅寺の坂道を約500mほど上がるだけ。境内の遙拝所から、弘法大師が7歳のときに仏門に入る決意で飛び降りた捨身ヶ嶽にある我拝師山の奥の院が眺められる。

出釈迦寺を出て、曼荼羅寺の前を通り過ぎて県道48号線を右に進み溜池の向かいのあぜ道（遍路道）を左に入って直進すると第74番・甲山寺に着く。このあたりは昔から水不足に悩まされたことから溜池が数多く、大小の溜池が点在している。弘法大師ゆかりの満濃池も約14kmほどの距離にある。

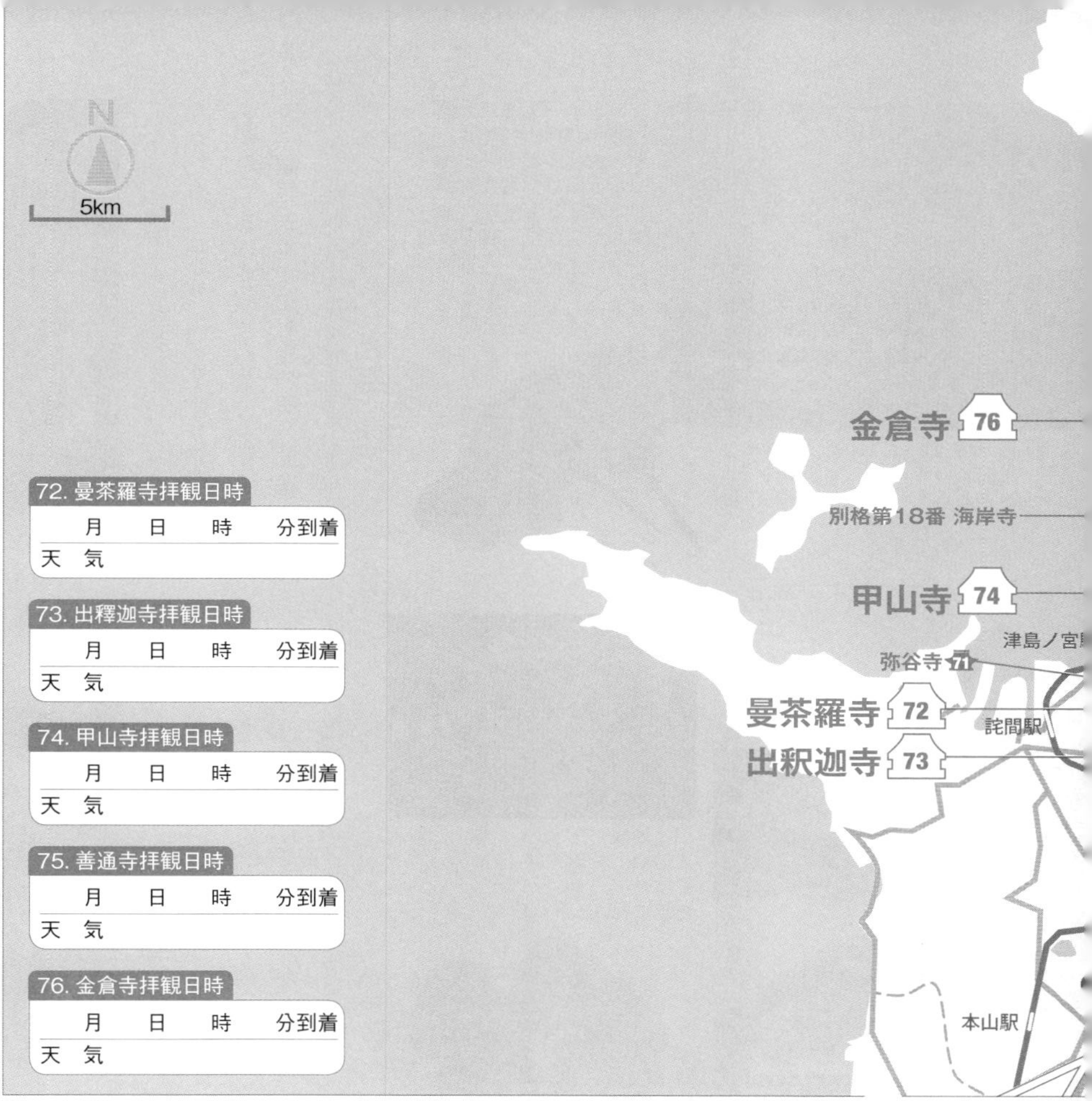

72. 曼荼羅寺拝観日時
月　日　時　分到着
天　気

73. 出釋迦寺拝観日時
月　日　時　分到着
天　気

74. 甲山寺拝観日時
月　日　時　分到着
天　気

75. 善通寺拝観日時
月　日　時　分到着
天　気

76. 金倉寺拝観日時
月　日　時　分到着
天　気

甲山寺の前を流れる弘田川沿いに南へ向かえば、弘法大師の生誕の寺・善通寺までは、もうあと約1.5㎞の至近距離。善通寺には宿坊があるので、ぜひ宿泊を予約しておきたいところ。

善通寺の東門を出て、善通寺駅方向に進み、県道25号線を左に折れて直進するとほどなく第76番・金倉寺に至る。

◀◀◀運行情報

第72番札所 曼荼羅寺
約0.5km 徒歩約10分 ⬅ 車約1分 約0.5km
第73番札所 出釋迦寺
徒歩約45分 約3km ⬅ 車約5分 約3km
第74番札所 甲山寺
徒歩約20分 約1.5km ⬅ 車約5分 約2km
第75番札所 善通寺
徒歩約1時間 約4km ⬅ 車約10分 約4.5km
第76番札所 金倉寺
徒歩約1時間 約4km ⬅ 車約10分 約4.5km
第77番札所 道隆寺

※時間と距離は遍路道を歩いた場合の目安です。

瀬戸大橋の町はアートと歴史、金比羅の玄関口

金比羅参りの玄関口の港として栄えた丸亀市、瀬戸大橋が架かる坂出市は、香川県のほぼ中央に位置する中讃エリア。瀬戸大橋のたもとの瀬戸大橋記念公園には記念館やマリンドーム、展望タワーなど、スポーツ・文化施設がある。

アートポート瀬戸大橋（瀬戸大橋記念公園）
瀬戸大橋の架橋を記念した公園で、瀬戸大橋記念館などがあり、隣接するエリアには回転式展望塔の瀬戸大橋タワー、東山魁夷せとうち美術館などがある

江戸時代に金刀比羅宮参拝の土産物として朱赤に丸金印の渋うちわが広まって以降、現在も丸亀市は全国の生産量の９割を誇るうちわの産地。

札所以外にも詣でたい琴平門前町を歩く

琴平町は、金刀比羅宮の門前町。八十八ヶ所の札所はないが、四国随一のパワースポットの琴平はぜひとも訪ねたい。785段の本宮までの石段が有名だが、その参道の途中には門前町らしくたくさんの飲食店や土産物店がある。讃岐うどんの本場中の本場なので、参道にも老舗のうどん店が数多い。また、現存する日本最古の芝居小屋といわれる金丸座など、見どころ・寄りどころが満載だ。さらに古くから温泉宿がひしめく温泉郷でもあり、個性的で多彩な温泉がたのしめる。

旧金比羅大芝居（金丸座）
入館料：500円（内部見学可）
営業時間：9時～17時
電話：0877-73-3846　無休

元は旅館だった江戸時代から続く歴史的な建物にあるうどん・そば店「虎屋」。

金比羅土産の定番「灸まん」

琴平の温泉宿・ホテルでは、日帰り入浴ができるところも多い。

日本百名城のひとつ 美しい石垣の丸亀城

「扇の勾配」と呼ばれる美しい曲線の石垣で知られる丸亀市のシンボル。築城400年を超え、全国に残る木造天守12城のうちの一つ。

弘法大師ゆかりの満濃池 国営讃岐まんのう公園

金刀比羅宮から南へ約7km。弘法大師ゆかりの満濃池《まんのういけ》に隣接する自然豊かな四国で唯一の国営公園。オートキャンプ場やレストラン、売店もあるので宿泊や食事もできる。

国営讃岐まんのう公園
住所：仲多度郡まんのう町吉野4243-12
電話：0877-79-1700

御大師さまの生誕の地に泊まる善通寺の宿坊

弘法大師の生誕地である善通寺では、お遍路さんや遠方からの参拝客のための宿泊施設・宿坊「いろは会館」を境内内に設けている。お遍路さん以外の一般客も宿泊可能で、1泊2食付きで6100円と、きわめてリーズナブル。

3月～5月と9月～11月のお遍路のハイシーズンは満室になる場合が多く、「宿泊当日の申し込みはお断りする場合があります」ということなので、必ず事前に予約を。宿泊の申し込みは、電話受付のみ。

客室はいたって近代的な旅館やホテルと遜色ない和室および洋室の個室が用意されている。風呂・洗面・便所は部屋毎になく共用になるが、入浴は大浴場「大師の里湯温泉」がある。ただし温泉のみの日帰り入浴は不可。宿泊は1名から受け付けてくれる。

宿坊「いろは会館」（総本山善通寺）
住所：善通寺市善通寺町 3-3-1
電話：0877-62-0111
チェックイン：15時、
チェックアウト：8時半
宿泊料金：1泊2食付6,100円、素泊り4,600円
定休日：12月25日～1月5日

スケッチ欄▶▶▶

ひとくちメモ▶▶▶

俳句・短歌欄▶▶▶

写真・記念品などの添付欄▶▶▶

第77番札所 桑多山《そうたざん》 明王院《みょうおういん》 道隆寺 どうりゅうじ

奈良時代、この地方の領主だった和気道隆《わけのみちたか》は、桑の大木が妖しい光を放っているのを見つけ、矢を射たが、乳母が倒れていた。これを悲しみ桑の大木で小さな薬師如来像を彫造し堂を建てた。道隆の子・朝祐《ちょうゆう》は伽藍を建立。唐から帰朝した弘法大師に懇願し、薬師如来像を彫造。その胎内に父・道隆の像を納めて本尊とした。

宗派：真言宗醍醐派
本尊：薬師如来
開基：和気道隆
住所：仲多度郡多度津町北鴨1-3-30
電話：0877-32-3577
宿坊：なし

第78番札所 仏光山《ぶっこうざん》 広徳院《こうとくいん》 郷照寺 ごうしょうじ

神亀2年（725）年、奈良時代に行基が阿弥陀如来を本尊として仏光山・道場寺として開基。弘仁6（815）年に弘法大師が伽藍を整備。その後、一遍上人が踊り念仏の道場寺とし、寛文4（1664）年に寺名を郷照寺に改めた。四国霊場唯一の時宗と真言宗両派を信仰する寺となった。JR予讃線宇多津駅に近く瀬戸大橋が眺められる。

宗派：真言・時宗
本尊：阿弥陀如来
開基：行基菩薩
住所：綾歌郡宇多津町1435
電話：0877-49-0710
宿坊：なし

第79番札所 金華山《きんかざん》 高照院《こうしょういん》 天皇寺 てんのうじ

天平年間に行基によって開創され、弘法大師が荒廃した堂舎を再興。平安時代末の保元の乱に敗れた崇徳《すとく》上皇はこの地で崩御。当地に湧く八十場《やそば》の霊水の泉に遺体を浸していたところ全く腐敗しなかったという伝説が残る。参道の泉のほとりに江戸時代から続くところてん清水屋があり名物となっている。JR予讃線八十場《やそば》駅が近い。

宗派：真言宗御室派
本尊：十一面観世音菩薩
開基：行基菩薩
住所：坂出市西庄町天皇1713-2
電話：0877-46-3508
宿坊：なし

第80番札所 白牛山《はくぎゅうざん》 千手院《せんじゅいん》 国分寺 こくぶんじ

讃岐国の国分寺。行基が千手観世音菩薩を本尊として開基したとされるが、創建年は定かではない。弘仁年間（810～824）に弘法大師が霊場に定めるが、戦国時代の戦火で堂塔のほとんどは焼失。創建当時の本堂や七重塔の礎石などの遺構が残る。藩主・生駒氏や松平氏によって再興された。奈良時代に造られた四国最古の梵鐘が有名。

宗派：真言宗御室派
本尊：十一面千手観世音菩薩
開基：行基菩薩
住所：高松市国分寺町国分2065
電話：087-874-0033
宿坊：なし

第81番 札所

綾松山《りょうしょうざん》 洞林院《どうりんいん》 白峯寺 しろみねじ

弘法大師と大師の甥とされる智証大師が創建。貞観2（860）年に白峯大権現の神託を受け千手観音像を彫造、本尊とした。保元の乱で讃岐へ流された崇徳上皇の陵墓が白峰山に造られ、頓証寺殿《とんしょうじでん》が建立された。これが現在の白峯寺となったとされる。後小松天皇は上皇の霊を鎮めるため自筆の勅額を奉納したという。

宗派：真言宗御室派
本尊：千手観世音菩薩
開基：弘法大師、智証大師
住所：坂出市青海町2635
電話：0877-47-0305
宿坊：あり（団体のみ・要予約）

第82番 札所

青峰山《あおみねざん》 千手院《せんじゅいん》 根香寺 ねごろじ

瀬戸内海を望む白峰、紅峰、青峰、黄峰、黒峰の五色からなる峰から五色台と呼ばれる風光明媚な台地。その中の青峰にある寺。弘法大師が五大明王を祀り花蔵院を創建。その後甥の智証大師が天長9（832）年に霊木から千手観音を彫り、千手院を創建。霊木の切株から芳香が出続けたことから、両院を総称して根香寺と名づけたという。

宗派：天台宗
本尊：千手観世音菩薩
開基：弘法大師、智証大師
住所：高松市中山町1506
電話：087-881-3329
宿坊：なし

コラム ⑪

讃岐最大のパワースポット 金刀比羅宮

「こんぴらさん」と呼ばれて全国的に有名な金刀比羅宮《ことひらぐう》は、象頭山《ぞうとうさん》という山の中腹に鎮座している。海の神様、五穀豊穣・大漁祈願・商売繁盛などの神様として信仰を集めている。四国遍路をする人の中にも、善通寺から約25kmなので、巡礼の途中に琴平まで足を延ばして参詣する人も多い。祭神は大物主命と都を追われ讃岐で客死した崇徳《すとく》上皇を祀っている。明治維新の神仏分離までは、真言宗・象頭山松尾寺金光院、神仏習合の金毘《こんぴ》羅大権現《らだいごんげん》と呼ばれていた。現在は金刀比羅本教の総本部で、全国の金刀比羅神社・琴平神社・金比羅神社の総本宮となっている。参道口から本宮までの785段、さらに奥社までは1368段の石段はつとに有名。本宮まで上ると、讃岐平野が見渡せる眺望が開け、旅人を癒してくれる。参道には旧跡や文化財、博物館などがあり、多くの土産物店や讃岐うどんなどの飲食店が軒を連ねている。

785段の石段を上った先にある御本宮。
住所：仲多度郡琴平町892-1
電話：0877-75-2121
アクセス：ＪＲ琴平駅から徒歩約15分（参道入口まで）

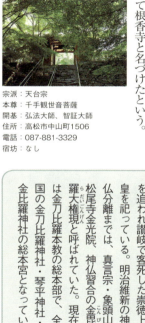

瀬戸大橋を眺めつつ 五色台の白峰、青峰を目指す

第76番・金倉寺から、約4㎞、県道25号線沿いの遍路道を海の方向へ向かいJR予讃線 に突き当たったあたりに第77番・道隆寺がある。多度津駅や多度津港のほど近く。道隆寺を出ると、予讃線に平行した市街地の平坦な道を北東へ約7㎞あまり行くと、第78番・郷照寺に至る。途中、丸亀市役所の手前で県道21号線に入ると、亀山公園の丘に建つ丸亀城の前を通る。

郷照寺から第79番・天皇寺へは、予讃線とほぼ平行に走る県道33号線を東へ進む。瀬戸中央自動車道の下を抜けて江尻町の交差点から右に折れてJR予讃線を渡ったあたりにある。

天皇寺から第80番・国分寺へは、約7㎞東へ向かう。天皇寺から再び踏切を渡って県道33号線に出て、線路に沿った道を進んで国分駅を過ぎれば、国分寺への案内板がある。このあたりに

80. 国分寺拝観日時
月　日　時　分到着
天　気

81. 白峯寺拝観日時
月　日　時　分到着
天　気

82. 根香寺拝観日時
月　日　時　分到着
天　気

77. 道隆寺拝観日時
月　日　時　分到着
天　気

78. 郷照寺拝観日時
月　日　時　分到着
天　気

79. 天皇寺拝観日時
月　日　時　分到着
天　気

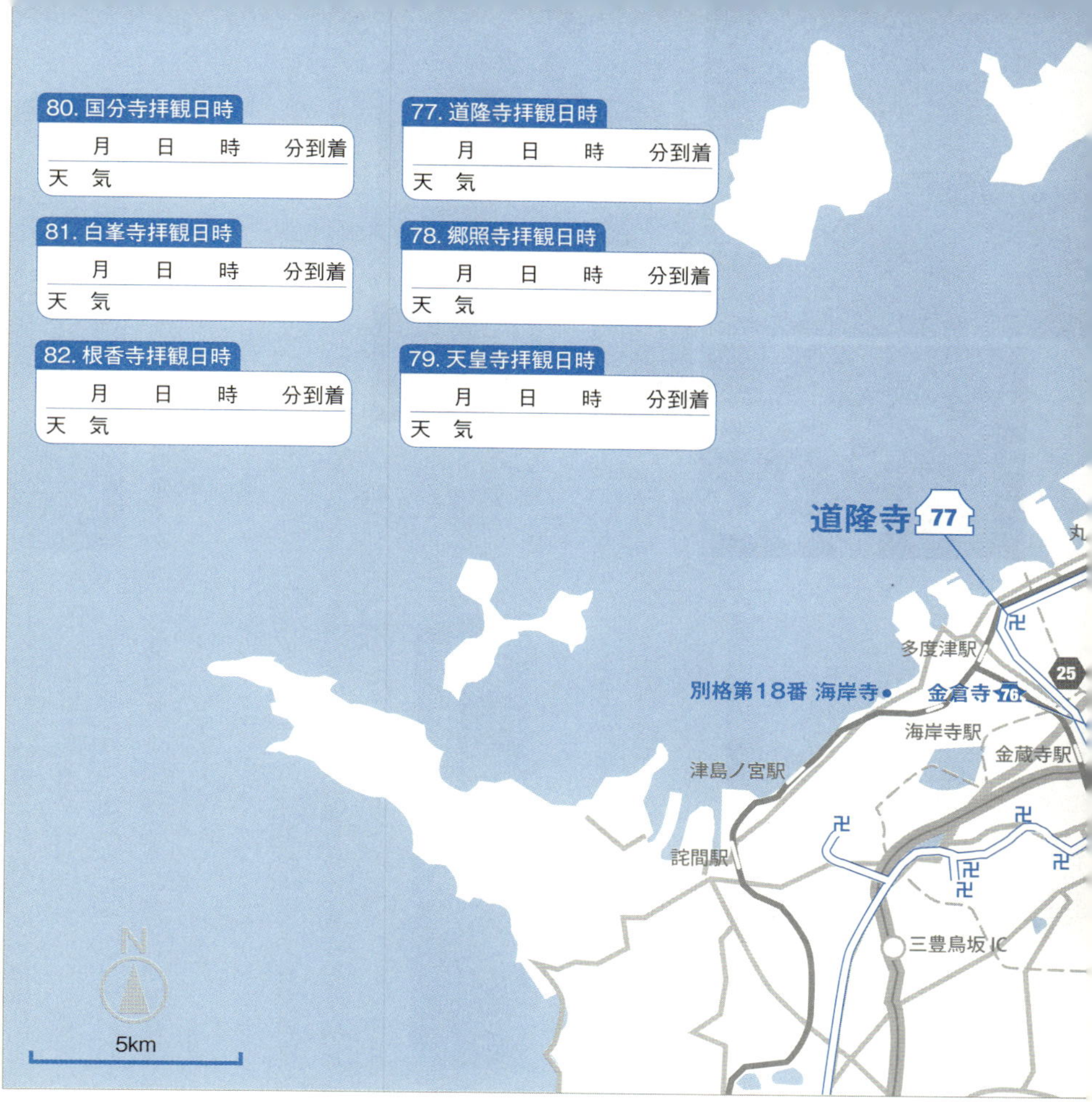

は、讃岐うどんの名店が点在している。

国分寺から県道180号線を北へ、自衛隊の演習場がある山道を越え、白峰にある第81番・白峯寺に到着する。

白峯寺から、青峰にある第82番・根香寺へは、再び180号線を回って行くか、遍路道の山道を歩く。山道を行き180号線に合流した所で、再び鬼無方面への遍路道に入ると根香寺だ。

◀◀◀ 運行情報

第77番札所 道隆寺
徒歩約2時間 約7.5km ⬅ 車約15分 約8km
第78番札所 郷照寺
徒歩約2時間 約7.5km ⬅ 車約15分 約8km
第79番札所 天皇寺
徒歩約1時間45分 約7km ⬅ 車約15分 約7km
第80番札所 国分寺
徒歩約2時間15分 約9km ⬅ 車約25分 約14km
第81番札所 白峯寺
徒歩約2時間 約7.5km ⬅ 車約15分 約7.5km
第82番札所 根香寺
徒歩約3時間15分 約13km ⬅ 車約30分 約17・5km
第83番札所 一宮寺

※時間と距離は遍路道を歩いた場合の目安です。

高松のランドマーク、シンボルタワーと栗林公園

高松市は、香川県の県庁所在地であり、歴史と文化、政治と経済の中心地。JR高松駅・高松港近くの、地上30階の高松シンボルタワーには香川の観光情報を集めた「かがわプラザ」がある。

ベイエリアの高松シンボルタワー。高松城趾・玉藻公園（上）。天下の名園・栗林公園（左上）。園内にある花園亭では朝粥（1,300円）が食べられる。

江戸時代、讃岐高松藩の歴代藩主によって１００年余りの歳月をかけて完成し下屋敷として利用されてきた、国の特別名勝の「栗林《りつりん》公園」も近い。現在は文化財庭園として「ミシュラン・グリーンガイド・ジャポン」でも三ツ星に格付けされるなど、日本を代表する大名庭園である。海に面した海城の史跡高松城趾の庭園も見事。

海に沈む夕日の絶景 休暇村 讃岐五色台

高松市と坂出市にまたがる瀬戸内海に突き出た台地で、白峰、青峰など5色の峰があることから「五色台」と呼ばれる瀬戸内屈指の景勝地にある休暇村。

五色台の峰に囲まれた山上に建つ休暇村。瀬戸大橋と瀬戸内海を見渡す絶好のビューポイント。JR高松駅、鬼無駅から送迎バスあり（要予約）。

五色台には第81番・白峯寺、第82番・根香寺があり、遍路旅の宿にも絶好の場所だ。瀬戸大橋をシルエットに海に沈む夕日などの絶景が見られる展望レストラン、展望大浴場が人気だ。宿泊は1泊2食付９５００円～各種プランがある。日帰り入浴もできる。

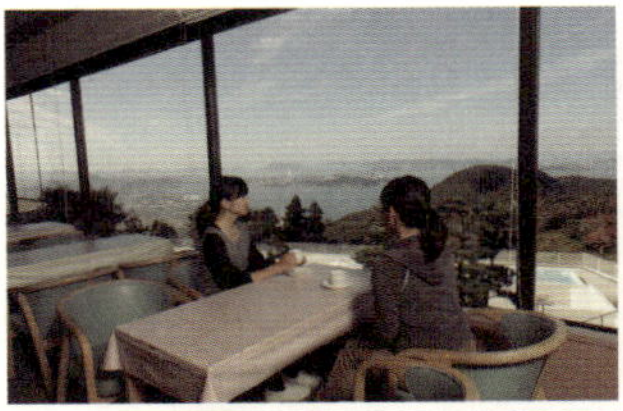

休暇村 讃岐五色台

住所：坂出市大屋冨町3042

電話：0877-47-0231

営業時間：日帰り入浴11時～16時

定休日：年中無休

料金：大人410円

宿泊料金：9,500円～（1泊2食付）

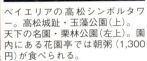

コラム ⑫

「うどん県」香川の讃岐うどんを巡る

　香川県では、県観光協会などが2011年から地元香川県出身の俳優、要潤を起用して「うどん県」を名乗るキャンペーンを行っている。

　香川県にかぎらず、四国全土的にうどん文化なのだが、日本一面積の小さい県ゆえに人口密度が高いため、うどん屋の密度も濃いのか、どこに行ってもうどん店がやたらに目立つ。

　讃岐うどんは、2002年頃から東京や首都圏などに「はなまるうどん」や「丸亀製麺」がチェーン展開して大ブームになっているので、もはや馴染みの薄いものではなくなっているが、本場香川のうどん店には、いくつかのタイプがある。

　まずは、通常の飲食店と同じように、スタッフが注文を取りにくるタイプ。そして、「セルフ」などと看板に書かれている「セルフ」タイプ。これもチェーン店ですでに体験済みの人も多いだろうが、うどんの玉数（並・大盛り）を注文してどんぶりに入れてもらい、トッピングの天ぷらなどを自分でチョイスして、最後にだしを自分で注ぐというシステムが一般的。ただ香川では、茹《ゆで》ザルに入れたうどん玉を自分で茹でるというところもある。

さらに、製麺所が工場などの一角でうどんを提供するタイプの店も数多い。うどんの消費量が日本一だから製麺所の数も多いのだ。また、暖簾も出ていないような民家でお母さん手作りの手打ちうどんを提供している隠れ家的なうどん店も人気がある。

　うどんの種類も、伝統的ないりこやかつおの出汁を温めた麺にかける「かけうどん」から、茹でた麺を冷水で締め、濃いめのつけだしを直接かける「ぶっかけうどん」、同様に冷やした麺に生醤油をかける「生醤油うどん」、茹でたお湯ごと木桶に入れて出される「釜あげうどん」。アツアツの茹でたての麺に生卵をからめていただく「釜玉うどん」など、さまざまなバリエーションがある。観光案内所などに讃岐うどんマップがあるので、お気に入りのうどん店を探して食べ歩くのも愉しい。

生玉子に醤油を絡める「釜玉うどん」

冷水で締めたうどんにレモンやすだちとだし醤油で「ぶっかけうどん」

オーソドックスな「かけうどん」にきつねをトッピング。

セルフのうどん店では、麺も自分で茹でる。

スケッチ欄▶▶▶

ひとくちメモ▶▶▶

俳句・短歌欄▶▶▶

写真・記念品などの添付欄▶▶▶

第83番札所

神毫山《しんごうざん》 大宝院《だいほういん》 一宮寺 いちのみやじ

仏教が伝来して約160年後の大宝年間（701〜704年）に奈良仏教の礎を築いた義淵僧《ぎえんそう》正《じょう》が開基。当初は大宝院と呼ばれ法相宗の普及をはじめ、行基、良弁らを輩出。諸国に一宮寺が建立された時、行基が堂宇を修復し神毫山一宮寺に改名した。後に弘法大師が訪れ聖観世音菩薩を彫造し、伽藍を再興、真言宗に改宗した。

宗派：真言宗御室派
本尊：聖観世音菩薩
開基：義淵僧正
住所：高松市一宮町607
電話：087-885-2301
宿坊：なし

第85番札所

五剣山《ごけんざん》 観自在院《かんじざいいん》 八栗寺 やくりじ

八栗寺は、源平の古戦場・屋島の東側、剣が突き出すように聳える五剣山（標高375m）の八栗山の山上にある。現在はケーブルカーで上ることができる。弘法大師がここで虚空蔵求聞持《こくうぞうぐもんじ》法《ほう》を収めた時、5本の剣が天から降り、蔵王権現が現れて信託を得たため、その剣を山に埋めて鎮護とし、天長6（829）年に開基したといわれる。

宗派：真言宗大覚寺派
本尊：聖観世音菩薩
開基：弘法大師
住所：高松市牟礼町牟礼3416
電話：087-845-9603
宿坊：なし

第84番札所

南面山《なんめんざん》 千光院《せんこういん》 屋島寺 やしまじ

高松市の東の半島、源平合戦の古戦場・屋島の山上にある。開基は唐の学僧・鑑真《がんじん》和上。天平勝宝5（753）年に鹿児島に漂着した鑑真は、翌年東大寺に船で向かう途中、屋島に普賢堂を建てて普賢菩薩像を安置したと伝えられている。その後、弘法大師は北嶺にあった伽藍を現在地の南嶺に移し、十一面千手観音像を本尊とした。

宗派：真言宗御室派
本尊：十一面千手観世音菩薩
開基：鑑真和上
住所：高松市屋島東町1808
電話：087-841-9418
宿坊：なし

第86番札所

補陀洛山《ふだらくさん》 清浄光院《せいじょうこういん》 志度寺 しどじ

志度湾に面する海の近くに建つ志度寺は、推古天皇33（625）年創建で、四国屈指の古刹。海士族の凡園子《おおしそのこ》が、流れ着いた霊木で十一面観音像を彫り堂宇を建てたのが始まり。謡曲にもある藤原不比等《ふひと》が竜神に奪われた宝珠を海女の妻が命を捨てて取り戻した「海女の玉取り」などの伝説があり、不比等は妻の墓を建立し志度道場と名づけた。

宗派：真言宗善通寺派
本尊：十一面観世音菩薩
開基：凡園子・藤原不比等
住所：さぬき市志度1102
電話：087-894-0086
宿坊：なし

第87番札所

補陀洛山《ふだらくざん》 観音院《かんのんいん》 長尾寺 ながおじ

天平11（739）年、聖徳太子が開創し、行基が聖観音菩薩像を刻み、堂宇に安置したのが始まりとされる。弘法大師が唐に留学する前に滞在し、天長2（825）年に帰朝した大師によって霊場とされた。幾度かの兵火に遭ったが歴代藩主によって再建されてきた。源義経と別れた静《しず》御前《ごぜん》が母と共に得度したとの言い伝えもあり、位牌が境内にある。

宗派：天台宗
本尊：聖観世音菩薩
開基：行基菩薩
住所：さぬき市長尾西653
電話：0879-52-2041
宿坊：なし

第88番札所

医王山《いおうざん》 遍照光院《へんじょうこういん》 大窪寺 おおくぼじ

四国八十八ヶ所最後となる結《けち》願《がん》の寺。徳島県境に近い山深い矢筈山の中腹（標高782m）にある。養老元（717）年に行基が草庵を建て、その後弘法大師が現在の奥の院近くの胎蔵《たいぞう》ヶ峰の岩窟で修法し堂宇を建立。等身大の薬師如来坐像を彫造し本尊とした。唐の恵果《けいか》阿闍梨から授かった錫杖《しゃくじょう》を納めて結願の地と定めたという。

宗派：真言宗
本尊：薬師如来
開基：行基菩薩
住所：さぬき市多和兼割96
電話：0879-56-2278
宿坊：なし

コラム⑬

結願とお礼参り

八十八ヶ所の札所すべての霊場を巡り終えることを「結願《けちがん》」という。いわば修行が完了することで、四国遍路ではすべての札所を参拝するという願いが叶った瞬間だ。

正式には第1番札所・霊山寺から打ち始め第88番札所の大窪寺で結願となる。逆打ちの場合には、第1番札所が結願寺となる。さらに区切り打ちや一国《いっこく》参りでは88番目に参った寺が結願となる。

結願寺の大窪寺では、長い道のりをともにした金剛杖と菅笠を感謝を込めて奉納するのが一般的。希望すれば、有料で結願証明書が発行される。

ただし、これで四国遍路が終わりなのかといえば、巡礼の道はその先もある。その足で阿波・徳島の1番札所霊山寺に「お礼参り」をするのである。明治以降に一般化した風習のようだが、無事結願したあかつきには、可能であれば「お礼参り」まで行ってみたいもの。

さらに、一旦四国霊場を巡り終えたあとには、弘法大師が真言密教の根本道場とした和歌山県の高野山を訪れてみたい。高野山の奥の院へ参拝し、巡礼の無事を御大師様に報告し、納経帳の最初の頁に朱印をいただいて全ての道程が完了する。

結願寺・大窪寺の朱印。

大窪寺に向かう途中にある「結願の道」の道標。

源平の古戦場・屋島をへて四国遍路、結願の道へ

根香寺から第83番・一宮寺へは、約13㎞の道のり。根香寺を約6㎞強の坂道を下って、市街地の平坦な道を香東川沿いに南下すると一宮寺に到着する。

次の平家と源義経の源平合戦の古戦場で知られる第84番・屋島寺は、屋島の南嶺の山頂にある。一宮寺を出たら、県道172号線から国道193号線を高松市内方向へ進み、名勝栗林公園の前を通り過ぎ、高松市役所のあたりを右に折れ、高松琴平電鉄の線路沿いを東に進んで琴電屋島駅の手前あたりから、登山道に歩いて入るか、車ならそのまま屋島ドライブウェイに入る。

第85番・八栗寺は、屋島の東、五剣山の中腹にある。壇ノ浦の古戦場方面に山を下り、県道150号線に出たところで八栗ケーブル・登山口駅へ。ケーブルカーで山上へは約5分。

高松市内の札所を回り終えたら、香

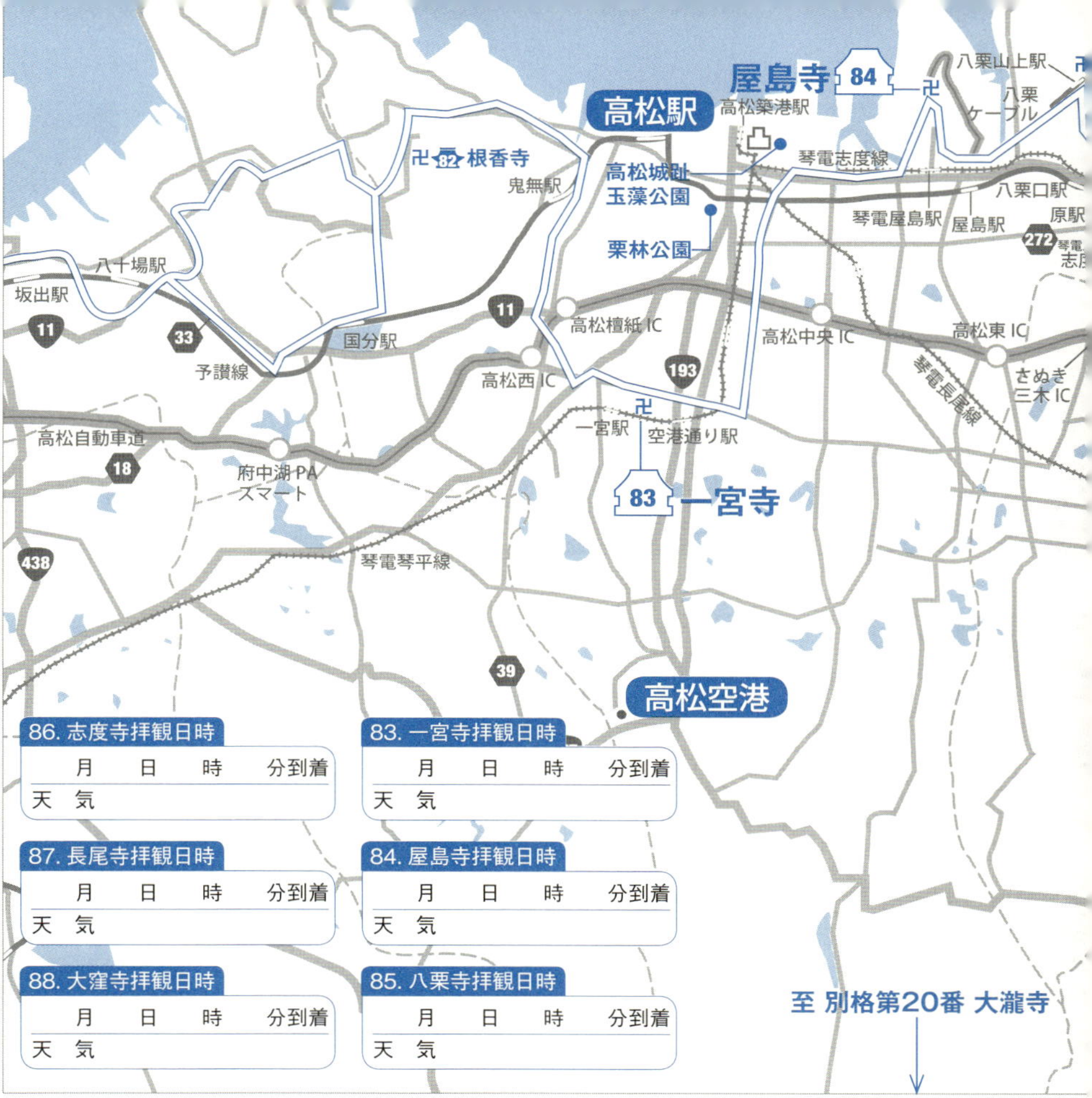

86. 志度寺拝観日時
月　　日　　時　　分到着
天　気

83. 一宮寺拝観日時
月　　日　　時　　分到着
天　気

87. 長尾寺拝観日時
月　　日　　時　　分到着
天　気

84. 屋島寺拝観日時
月　　日　　時　　分到着
天　気

88. 大窪寺拝観日時
月　　日　　時　　分到着
天　気

85. 八栗寺拝観日時
月　　日　　時　　分到着
天　気

川県東部の志度湾へ。讃岐牟礼駅から国道11号線を琴電志度駅の先1.5kmほどに海に面した志度寺がある。

志度寺から平坦な県道3号線を約7km南下すると第87番・長尾寺となる。

結願となる第88番・大窪寺へは約15・5km、阿讃山脈の山間を行く。県道3号線をさらに南下して国道377号線と合流したところで左に折れ、そのまま道なりに進む。

◀◀◀ 運行情報

第83番札所 一宮寺
徒歩約4時間15分 約17km／車約30分 約17km
第84番札所 屋島寺
徒歩約2時間 約7km ⬅ 車約15分 約8km
第85番札所 八栗寺
徒歩約2時間 約7km ⬅ 車約15分 約7km
第86番札所 志度寺
徒歩約2時間 約7km ⬅ 車約15分 7.5km
第87番札所 長尾寺
徒歩約5時間 約15・5km ⬅ 車約30分 約17・5km
第88番札所 大窪寺

※時間と距離は遍路道を歩いた場合の目安です。

源平の古戦場「屋島」備讃瀬戸を眺める談古嶺

約800年前の源平合戦の古戦場で知られる屋島。その名のとおり屋根の形をしている溶岩台地で、山上の談古《だんこ》嶺《れい》からは、小豆島はじめ備讃瀬戸の島々が一望できる。663年の朝鮮半島・白村江《はくすきのえ》の戦いの後に屋嶋城が築かれたとされる。南嶺には唐の僧の鑑真《がんじん》が創建したといわれる第84番札所の屋島寺がある。琴電屋島駅から車で約10分。

古戦場の海鮮食堂が人気 道の駅・源平の里むれ

古戦場・屋島の東側にある五剣山（八栗山）のふもとで、海に面した牟礼《むれ》町の国道11号線沿いにある道の駅。山号が五剣山の第85番札所・八栗寺、第86番札所・志度寺が近い。地元産の野菜や鮮魚を販売、セルフ式の海鮮食堂では、オリジナルの海鮮丼などが食べられる。

海鮮と野菜の天ぷらを「五剣山」に見立てた巨大天丼（税別1,444円）と一番人気の「ハマチのづけ丼」並盛650円（税別）。

道の駅 源平の里むれ
住所：高松市牟礼町原631-7
電話：087-845-6080
営業時間：9時〜18時、11月〜2月は9時〜17時
定休日：年中無休

海を渡って小豆島へ 二十四の瞳映画村

素麺とオリーブ栽培で知られる小豆島。高松港からフェリー（料金690円）で約1時間の距離。醤油やオリーブの記念館のほかに、映画『二十四の瞳』を撮影したオープンセット、岬の分教場、壺井栄文学館、松竹座などがある。映画『八日目の蝉』のロケ地もある。

木造校舎の中で、昭和の給食セット（有料）などが食べられる。

二十四の瞳映画村
住所：小豆島町田浦甲931
電話：0879-82-2455
営業時間：9時〜17時（11月は8時半〜）
定休日：年中無休
料金：大人（中学生以上）750円

牧場直送の牛乳と焼きたてパンとカレーパン

高松と徳島を結ぶ県道10号線沿いの山間の「みろく自然公園」に隣接する道の駅。地元の「大山牧場」から新鮮な牛乳が毎日入荷し、その牛乳を使ったソフトクリーム、売り切れ必至の焼きたてパン、ことに注文してその都度揚げてくれるカレーパンが人気だ。

牧場直送のジャージー牛乳を使った牧場ソフトクリーム（350円）と、パン生地も肉もジャージー牛を使った牧場カレーパン（220円）。

“結願の道”にある道の駅とお遍路交流施設

道の駅 みろく
住所：さぬき市大川町富田中3298-1
電話：0879-43-0550
営業時間：1階ベーカリー9時～17時、2階カフェ11時～15時
定休日：水曜

国道377号線に連結する志度山川線（県道3号線）沿いにある「道の駅・ながお」。第87番札所・長尾寺と88番目の最終札所・大窪寺の間に位置している。長かった旅の疲れを癒す場としてお遍路さんたちに活用されている。地元野菜や竹細工、竹炭などが販売されている。

道の駅と道を挟んだ向かいに「おへんろ交流サロン」があり、お遍路さんの情報交換や地域住民との交流の場となっている。江戸時代の紀行本や古地図など、四国遍路の歴史を伝える貴重な資料が展示されている。

おへんろ交流サロン
住所：さぬき市前山936
電話：0879-52-0208（前山地区交流活性化センター）
営業時間：9時～16時（入館は15時30分まで）
定休日：年末年始

道の駅 ながお
住所：さぬき市前山940-12
電話：0879-52-1022
営業時間：8時～16時
定休日：年末年始

お遍路の歴史を示す珍しい道標なども。

スケッチ欄▶▶▶

ひとくちメモ▶▶▶

俳句・短歌欄▶▶▶

写真・記念品などの添付欄▶▶▶

四国遍路 参拝の作法

遍路の旅に出ていながら、手を合わせることも、納経もせずに、ただ納経帳にご朱印をもらって足早に回るという失礼のないように、基本的な参拝の手順、作法を身につけておきましょう。

山門（仁王門）
①合掌、一礼
山門（仁王門）前で合掌し、一礼して境内へ入る。なお、境内は左側通行を心がける。

手水場
②手を洗い、口をすすぐ
手水場で、まず左手を洗い、柄杓を持ち替えて右手を洗う。再び柄杓を右手に持って左手に水をそそいで、左手にためた水で口をすすぐ。柄杓に直接口をつけない。

鐘楼堂
③鐘をつく
鐘楼で、鐘をゆっくりと２度つく。鐘をつくことができない札所もあるので、その場合は省略する。また、お参りの帰りがけに鐘はつかない。「戻り鐘」といって縁起が悪い。朝早や夜など、近隣の迷惑になる場合も省略する。

本堂（金堂）
④納札、写経を納め、読経する
灯明（献灯）１本、線香（献香）３本をたてて、札箱に納札をおさめる。その後にお賽銭を入れてから、読経を行う。①合掌礼拝の後、②開経偈、③懺悔文、④三帰・三竟、⑤十善戒、⑥発菩提心真言、⑦三摩耶戒真言、⑧般若心経、⑨御本尊真言（大師堂では唱えない）、⑩光明真言、⑪ご宝号、⑫回向文を読み上げ、最後にまた⑬合掌礼拝する。

大師堂
⑤納札、写経を納め、読経する
本堂と同じ手順で参拝する。ただしご本尊の真言はいらない。

納経所
⑥ご朱印を押してもらう
納経所に行って、納経帳、掛け軸などにご朱印を受ける。ただし、ご朱印の受付時間は、午前7時〜午後5時までなので、余裕をもって到着するように心がけたい。

山門
⑦ふたたび一礼
ご朱印をいただいて山門を出るときにも、本堂に向かって一礼してから出る。

※正式な読経（どきょう）は、次の頁を参照してください。それぞれ定められた回数を唱えて奉納（お経を上げること）します。お経は、「たとえ暗（あん）ずるとも本を看（み）るべし」とし、暗記してしまっていても、そのつど経本を手にしながら読むのが正しい作法だといわれます。本堂、大師堂での読経から納経所で納経帳に墨書授印をしていただくところまでを総じて「お納経」といいます。お遍路の合掌の仕方に定式はありませんが、必ず右手が上になるようにして、指を交互に重ね合わせるのが真言宗の礼法にならった「金剛合掌」と呼ばれる合掌方法です。

読経の順序

◉正しい納経・お経の上げ方

①合掌《がっしょう》礼拝《らいはい》する

胸の前で合掌し三礼しながら「うやうやしくみ仏を礼拝したてまつる」と唱える。

②開経偈《かいきょうげ》を1回唱える

無上甚深微妙法
（むーじょーじんじんみーみょうほう）
百千万劫難遭遇
（ひゃくせんまんごうなんそうぐう）
我今見聞得受持
（がーこんけんもんとくじゅーじー）
願解如来真実義
（がんげーにょーらいしんじつぎー）

③懺悔文《さんげもん》を1回唱える

我昔所造諸悪業
（がしゃくしょぞうしょあくごう）
皆由無始貪瞋痴
（かいゆうむしとんじんち）
従身語意之所生
（じゅうしんごいししょうしょう）
一切我今皆懺悔
（いっさいがこんかいさんげ）

④三帰《さんき》・三竟《さんきょう》を3回ずつ唱える

●三帰
弟子某甲　尽未来際
（でしむこう　じんみらいさい）
帰依仏　帰依法　帰依僧
（きえぶつ　きえほう　きえそう）

●三竟
弟子某甲　尽未来際
（でしむこう　じんみらいさい）
帰依仏竟　帰依法竟　帰依僧竟
（きえぶつきょう　きえほうきょう　きえそうきょう）

⑤十善戒《じゅうぜんかい》を3回唱える

弟子某甲（でしむこう）
尽未来際（じんみらいさい）
不殺生　不偸盗（ふせっしょう　ふちゅうとう）
不邪淫　不妄語（ふじゃいん　ふもうご）
不綺語　不悪口（ふきご　ふあっく）
不両舌　不慳貪（ふりょうぜつ　ふけんどん）
不瞋恚　不邪見（ふしんに　ふじゃけん）

⑥発菩提心真言《ほつぼだいしんしんごん》を3回唱える

オン　ボウジシッタ　ボダハダヤミ

⑦三摩耶戒真言《さんまやかいしんごん》を3回唱える

オン　サンマヤ　サトバン

⑧般若心経《はんにゃしんぎょう》を1巻唱える

※般若心経は表紙見返し参照

⑨御本尊真言（各札所の本尊の真言）を3回唱える

各御本尊によって真言が異なる。各御真言は本堂前などに記載されている。

⑩光明真言《こうみょうしんごん》を3回唱える

オン　アボキャ　ベイロシャノウ
マカボダラ　マニ　ハンドマ
ジンバラ　ハラバリタヤ　ウン

⑪ご宝号《ほうごう》（弘法大師の宝号）を3回唱える

南無大師遍照金剛《なむだいしへんじょうこんごう》

⑫回向文《えこうもん》を1回唱える

願《ねが》わくは　この功徳《くどく》をもって
普《あまね》く一切《いっさい》に及《およ》ぼし
我《われ》らと衆生《しゅじょう》と　皆《みな》ともに仏道《ぶつどう》を成《じょう》ぜん

⑬合掌礼拝

「ありがとうございます」と述べ、合掌し礼拝する。

〈カバー／表紙〉
デザイン　APRIL FOOL Inc.
イラスト　たかいひろこ

〈本文デザイン＆DTP＆地図〉
落合ススム・絵田裕子（オリゼー）／神田静江／重増智美

〈参考文献〉
『空海の史跡を尋ねて　四国遍路ひとり歩き同行二人』解説編、地図編（へんろみち保存協力会編）、『四国遍路』辰濃和男（岩波新書・岩波書店）、『四国八十八カ所』溝縁ひろし（主婦の友社）、『知識ゼロからの遍路入門』五十嵐英之（幻冬舎）、『四国八十八か所めぐり　同行二人、お大師さまとお遍路の旅へ』（昭文社）、『中高年のための四国八十八ヶ所　歩き遍路　50日モデルプラン』竹本修（幻冬舎）、『るるぶ四国八十八ヵ所』（JTBパブリッシング）、『NHK 四国八十八か所―こころの旅』〈1〉発心の道場、〈2〉修行の道場、〈3〉菩提の道場、〈4〉涅槃の道場』NHK「四国八十八か所」プロジェクト編（日本放送出版協会）、『はじめての四国遍路旅（趣味Do楽）ムック』（NHK出版）、『歩くお遍路BOOK』（エイムック・枻出版）、『別冊太陽 日本のこころ187　空海―真言密教の扉を開いた傑僧』（平凡社）、『読み解き「般若心経」』伊藤比呂美（朝日新聞出版）、『五木寛之の百寺巡礼　ガイド版　第十巻　四国・九州』（講談社）、『四国八十八カ寺＆周辺ガイド』（出版文化社）

〈写真提供・取材協力〉
一般財団法人 徳島県観光協会、徳島県 商工労働観光部 観光政策課、公益財団法人 高知県観光コンベンション協会、一般社団法人 愛媛県観光物産協会、公益社団法人 香川県観光協会、公益財団法人 松山観光コンベンション協会、今治市 産業部 観光課、一般社団法人 西条市観光物産協会

〈参考サイト〉
四国八十八ヶ所霊場会公式ホームページ　http://www.88shikokuhenro.jp/
徳島県観光情報サイト「阿波ナビ」http://www.awanavi.jp/
高知県の観光情報サイト「よさこいネット」http://www.attaka.or.jp/
愛媛の観光情報WEBサイト「いよ観ネット」）http://iyokannet.jp/
香川県観光協会公式サイト「うどん県旅ネット」http://www.my-kagawa.jp/

大人《おとな》の趣味採集帳《しゅみさいしゅうちょう》 シリーズ

ぬりつぶし「四《し》国《こく》八《はち》十《じゅう》八《はち》ヶ《か》所《しょ》お遍《へん》路《ろ》」の旅《たび》手《て》帖《ちょう》

2016年 11月1日　初版　第1刷発行

著　者　左古文男《さこふみお》、児玉《こだま》 勲《いさお》
編　集　一陽樂舎《いちようらくしゃ》

発行者　片岡　巌
発行所　株式会社技術評論社
東京都新宿区市谷左内町21-13
電話　03-3513-6150　販売促進部
03-3267-2272　書籍編集部

印刷／製本　株式会社加藤文明社

定価はカバーに表示してあります。

ISBN978-4-7741-8423-4　C0025
Printed in Japan

ご意見・ご感想は、下記の宛先までFAXまたは書面にてお寄せください。

宛先：　〒162-0846　東京都新宿区市谷左内町21-13
株式会社　技術評論社　書籍編集部
「ぬりつぶし『四国八十八ヶ所お遍路』の旅手帖」係
FAX：03-3267-2269

仏説摩訶般若波羅蜜多心経《ぶっせつまかはんにゃはらみったしんぎょう》

観自在菩薩《かんじざいぼさつ》　行深般若波羅蜜多時《ぎょうじんはんにゃはらみたじ》　照見五蘊皆空《しょうけんごうんかいくう》
度一切苦厄《どいっさいくやく》　舎利子《しゃりし》　色不異空《しきふいくう》　空不異色《くうふいしき》
色即是空《しきそくぜくう》　空即是色《くうそくぜしき》　受想行識《じゅうそうぎょうしき》　亦復如是《やくぶにょぜ》　舎利子《しゃりし》
是諸法空相《ぜしょほうくうそう》　不生不滅《ふしょうふめつ》　不垢不浄《ふくふじょう》　不増不減《ふぞうふげん》
是故空中《ぜこくうちゅう》　無色無受想行識《むしきむじゅそうぎょうしき》　無眼耳鼻舌身意《むげんにびぜっしんに》
無色声香味触法《むしきしょうこうみそくほう》　無眼界《むげんかい》　乃至無意識界《ないしむいしきかい》
無無明《むむみょう》　亦無無明尽《やくむむみょうじん》　乃至無老死《ないしむろうし》　亦無老死尽《やくむろうしじん》　無苦集滅道《むくしゅうめつどう》

無《む》智《ち》亦《やく》無《む》得《とく》　以《い》無《む》所《しょ》得《とく》故《こ》　菩《ぼ》提《だい》薩《さっ》埵《た》

依《え》般《はん》若《にゃ》波《は》羅《ら》蜜《み》多《た》故《こ》　心《しん》無《む》罣《けい》礙《げ》　無《む》罣《けい》礙《げ》故《こ》　無《む》有《う》恐《く》怖《ふ》

遠《おん》離《り》一《いっ》切《さい》顚《てん》倒《どう》夢《む》想《そう》　究《く》竟《ぎょう》涅《ね》槃《はん》　三《さん》世《ぜ》諸《しょ》仏《ぶつ》

依《え》般《はん》若《にゃ》波《は》羅《ら》蜜《み》多《た》故《こ》　得《とく》阿《あ》耨《のく》多《た》羅《ら》三《さん》藐《みゃく》三《さん》菩《ぼ》提《だい》

故《こ》知《ち》般《はん》若《にゃ》波《は》羅《ら》蜜《み》多《た》　是《ぜ》大《だい》神《じん》呪《しゅ》　是《ぜ》大《だい》明《みょう》呪《しゅ》　是《ぜ》無《む》上《じょう》呪《しゅ》

是《ぜ》無《む》等《とう》等《どう》呪《しゅ》　能《のう》除《じょ》一《いっ》切《さい》苦《く》　真《しん》実《じつ》不《ふ》虚《こ》

故《こ》説《せつ》般《はん》若《にゃ》波《は》羅《ら》蜜《み》多《た》呪《しゅ》　即《そく》説《せつ》呪《しゅ》曰《わつ》

羯《ぎゃ》諦《てい》羯《ぎゃ》諦《てい》　波《は》羅《ら》羯《ぎゃ》諦《てい》　波《は》羅《ら》僧《そう》羯《ぎゃ》諦《てい》　菩《ぼ》提《じ》薩《そ》婆《わ》訶《か》

般《はん》若《にゃ》心《しん》経《ぎょう》